Impressum

Herausgeber: Schriftroller
(Gruppe des Kulturvereins Bissendorf e.V.)
Gestaltung: Michael Thomsen
Herstellung und Verlag: BoD – Books on Demand, Norderstedt
© 2023 Kulturverein Bissendorf e.V.
ISBN: 9783757810061

Poesie
des
Friedens

Anthologie

der Gruppe „Schriftrolle"

Kulturverein Bissendorf e.V.

„Wir sind verlassen
wie Kinder und
erfahren wie alte Leute,
wir sind roh und traurig
und oberflächlich –
ich glaube,
wir sind *verloren*.“

(aus: Erich-Maria Remarque,
Im Westen nichts Neues, 1928)

Inhalt

5

*Anmerkung: Die mit * gekennzeichneten Texte werden von den Autor*innen am 19. August 2023 vorgetragen.*
** lesen Ines Täuber und Michael Thomsen

Vorwort

2023 jährt sich der „Westfälische Frieden" zum 375. Mal. Osnabrück spielte damals zusammen mit Münster eine tragende Rolle. Der Osnabrücker Autor Erich-Maria Remarque (geb. 1898) wurde unlängst, quasi posthum, durch den Gewinn von vier Oscars für die Neuverfilmung seines Romans „Im Westen nichts Neues" geehrt. Die Stadt Osnabrück bezeichnet sich nicht ganz ohne Grund als „Friedensstadt".

„Mit den »Friedensgesprächen« veranstalten Stadt und Universität Osnabrück gemeinsam kompetent und prominent besetzte öffentliche Vorträge und Diskussionsveranstaltungen zu Fragen der Friedensförderung und Friedenserhaltung. Die erfolgreiche Kooperation hat sich als eine wichtige Institution im kulturellen Leben Osnabrücks etabliert und trägt zur gelebten Friedenskultur bei."
Quelle: (https://www.ofg.uni-osnabrueck.de/ueber-die-friedensgespraeche/)

Und dennoch erfolgte im Jahr 2022 mit dem Angriffskrieg Russlands auf die Ukraine eine gewisse „Zeitenwende". Wir sind ratlos und wissen nicht recht, was wir glauben sollen, was politisch Verantwortliche tun können oder gar müssen, um auf diese Herausforderung richtig und angemessen zu antworten.

Die Kubiss-Autorengruppe "Schriftrolle" hat sich 2008 aus einer gemeinsamen Lesung heraus gegründet. Seitdem gehören der Gruppe etwa zehn Autorinnen und Autoren an. Bei den regelmäßigen Treffen (alle zwei Monate) dreht sich alles ums Schreiben und Lesen. In lockerer Runde haben Mitglieder und Gäste die Möglichkeit, ihre selbstverfassten literarischen Arbeiten vorzustellen und erhalten Feedback sowie konstruktive Kritik. Sie tauschen sich bei den Zusammenkünften über organisatorische Themen aus, Neuveröffentlichungen werden gefeiert, Einzellesungen angekündigt und gemeinsame öffentliche Lesungen organisiert.

Acht der Gruppenmitglieder nehmen das Jubiläumsjahr des Westfälischen Friedens zum Anlass für eine Lesung mit dem Thema „Poesie des Friedens". Die vorgetragenen Texte der Lesung bilden das Gerüst dieser Anthologie. Einige der Autoren haben darüber hinaus weitere Beiträge der Sammlung hinzugefügt.

In völlig unterschiedlichen Herangehensweisen und Formaten haben die Künstler versucht, sich dem Thema zu nähern. Da ist sowohl vom inneren wie vom äußeren Frieden die Rede. Vor dem Hintergrund des Zeitgeschehens aber treibt die Autoren vor allem die Frage um, wie verhalte ich mich zum Krieg und dessen Folgen?

Lassen wir uns treiben von einer schwammigen Gewaltspirale und von Angst? Oder sind wir bereit für andere Wege? Sie wir offen, andere Meinungen zu akzeptieren und zuzuhören und Verständnis zu zeigen?

Nicht allein die Abwesenheit von Krieg also, sondern schon die Frage, was können wir tun, damit es friedlich bleibt, und was empfinden wir bei dem Begriff Frieden, haben die Autor*innen versucht, in Texte zu gießen.

Wie der Enkel im Dialog mit dem Opa (Seite 121) richtig andeutet, gibt es sicher Gründe, die der Aggressor (Putin) gegenüber der Weltöffentlichkeit verkündete, denen die russische Seele so einträchtig zu folgen scheint und die man ein Stückweit vielleicht sogar verstehen kann, aber das heißt nicht, dass diese Aggression zu rechtfertigen ist. Natürlich muss man (die Ukraine und der europäische Westen) sich wehren und sagen: Stopp!

Das gilt für jede vernünftige Streitkultur. Wo Kultur herrscht, da ist Frieden. Die Kunst besteht am Ende aber auch darin, den anderen emotional zu verstehen, aber bei Grenzüberschreitungen gleichzeitig zu sagen: „Halt, was du da machst, ist nicht in Ordnung und verletzt das Völkerrecht, ist gegen jede Kultur, egal ob westlich oder östlich!"

Renate Berger

Geboren 1943, wohnhaft in Bohmte.
Sie veröffentlichte 2012 ihre Lebensgeschichte in
dem Buch: „Leben und Liebe zweier Kriegskinder"
Sie verfasste Gedichte und Kurzgeschichten und hielt
szenische Lesungen auch mit anderen Autoren und
Künstlern.

Seit 2013 drückt sie ihre Fantasie auch in Bildern aus.
Sie betreibt aktiv die Hobbymalerei,
in Acryltechnik in sehr unterschiedlichen Stilarten,
bislang mit mehreren Ausstellungen in Bohmte und
im Haus Lechtenbrink in Bissendorf, sowie im
Rathaus Bersenbrück.
Seit zwei Jahren ist sie aktiv in der Osnabrücker
Theatergruppe „Silberdisteln O2".

Illusionen

Die Frau ist weg, er lebt allein.
Baut um, reißt Wände ein.
Hämmert, hofft auf neues Leben,
Hat Gefühle zu vergeben.

Am Abend nimmt er das Telefon
Die Stimme dort, sie schmeichelt schon.
Hört sich geduldig alles an,
Ist Sonnenschein für den alten Mann!

Dir mein Herz möchte ich etwas schenken,
Du sollst im Alltag an mich denken!

Wenn das so ist, ich bin schlecht dran
Betrogen hat mich mein Ehemann.
Stehe im Abseits, kann kaum leben
Könntest Du etwas bares geben?

Natürlich, sie tut ihm leid,
Spontan ist er zur Hilfe bereit.
Da liegt Erspartes auf der Bank
Oh, sagt sie, hab vielen Dank.

Was brauchst Du mein Liebes, um zu bestehen?
Mit fünftausend Euro würde es gehen.
Das ist viel, ich will es machen.
Geb viel dafür, du sollst wieder lachen!

Baut einen Kamin aus Marmorstein,
Er lädt freudig diese Stimme ein.
Am Feuer sitzen, vor warmer Glut
Mit einer Frau, das täte mir gut!

Die Stimme spricht am Telefon
Ich bin weit fort, später komm ich schon.
Ich baue um, was möchtest du?
Greift nach Altersglück, gibt keine Ruh.

Einen Spiegel groß und aus Kristall,
Einen Leuchter mit hellem Strahl,
So kannst du mich im Glanze sehen,
Soll ich mich tanzend vor dir drehen?

Er kauft einen Leuchter mit sieben Armen
Einen Spiegel gefasst im goldenen Rahmen.
Jedoch ist er ein alter Mann,
Kommt an den Stromkreis nicht heran.

Stellt auf den Tisch das Ungetüm,
Träumt von ihrem Glanz und legt sich hin.
Die Knochen schmerzen, die Arbeit fällt schwer,
Erneut ruft er sie zu sich her.

Nun musst du kommen mein Engelein,
mir sagen wohin mit dem Spiegel so fein.

Sie kommt mit der Bahn, um 11.00 Uhr an,
Schaut Ziel bewusst zu dem alten Mann.
Er steht auf dem Bahnsteig mit Gehstock und Rosen,
Sie hübsch und jung, sie ließ sich nicht Kosen.

Verschlissen der Mantel, weiß das Hemd,
Die schlohweißen Haare ungekämmt,
Nur kurz hielt er, die schöne Hand,
Sie wollte sogleich in ein Restaurant.

Dann ging man zum Haus.
Sie packte der Graus,
Der Bauschutt türmt sich bis in den Flur.
Wo ist der gläserne Spiegel nur?

Steht verstaubt allein in der Ecke,
Der Leuchter hängt nicht an der Decke,
Verschmutzt der Leuchter, der Spiegel blind.
Bleib hier, mein Alles, mein schönes Kind!

Heut muss ich fahren, ich komme zurück.
Wir sehen uns bald, er glaubt an sein Glück!
Zum Abschied, hast Du das Geld?
Ich bin doch der, der zu dir hält.

Er reicht ihr den Umschlag von der Bank
Sie sagt leis, hab herzlichen Dank,
Umarmt ihn kurz, schnell ist sie fort,
Er winkt ihr nach, glaubt an das Wort.

Er wartet, und baut und hofft,
Am Telefon hört er sie oft,
Er träumt von ihr, ersehnt sich viel,
Sie treibt weiter ihr Worte Spiel.

Bis endlich er zusammenbricht.
Die Leitung tot, aus das Licht.

Die Kälte ist nur draußen

Die Kälte ist nur draußen
Im Herzen ist es warm.
Ich kenne viele Menschen,
die nehmen mich in den Arm,
wenn auch nur symbolisch
durch ein liebes Wort,
durch Strahlen in den Augen
ich geh beschwingter fort!

Ein kurzes freudig Blitzen
erhellt den ganzen Tag,
erleichtert uns die Arbeit
wie schön, wenn man uns mag!

Mordkuhlenberg

Vor vielen hundert Jahren,
gefährlich war 's durchs Land zu fahren.
Berüchtigste Route im ganzen Land,
sich zwischen Damme und Steinfeld fand.
Im dichten grünen Tannenwald,
hauste 'ne Räuberbande.
Deren Gemüt grausam und eiskalt,
lebten von Raub und Stehlen.

Überfielen Kutschen, Händlerwagen,
wehrten sich Leut', wurden sie erschlagen.
Zum Fürchten diese Räuberbande,
bärtige Gesellen stark wie Erz,
kannten kein mitleidig' Herz.
In düsterer Höhle schliefen sie,
hatten viel zu verbergen,
loteten aus listiger Dieberei,
schlugen Händler tot, war ihnen einerlei.
Kam ein Wagen den Berg hinauf so steil,
spannt über dem Weg ein Stolperseil.
Bis das Gefährt in den Graben rollt,
Räuber schmutzig lachten, sie hatten es gewollt.
Bemächtigten sich teurer Fracht.
Die Menschen einfach totgeschlacht'.
Feierten fetten Raub mit garstigem Gegröle.
Sie fraßen, soffen, lachten, höhnten
oft teuflisch in den Höhlen.

Konnte jemand ihnen entflieh´n,
wollt´ nie mehr dieses Weges zieh´n,
war froh ihnen entwichen.

Ein frommes Mägdlein ging im Wald,
arglos Blaubeeren zu pflücken.
Da packt ein böser Räuber sie,
mordlustig in den Blicken.
Er bringt das Kind in düsteres Loch
zu seinen Saufkumpanen.
Die Arme jammert: "Lasst mich leben,
bin jung und fleißig, will alles geben,
seid nicht solche Barbaren!"
Die Räuber kümmerte das einen Dreck,
wurde eingepfercht in ihr Versteck,
sperrten sie sieben Jahre ein, in ihre geheime Höhle.
So grausam war gar diese Zeit,
zu entfliehen keine Möglichkeit.
Jahr für Jahr gebar sie ein Kind,
die Räuber schlugen es tot geschwind.
Hängten die Kindesleich´ an einen Ast,
tranken johlend darauf Räuber-schnaps.

Das Mädchen sah ihr Leben,
am seidenen Faden schweben.
Voll Heimweh bat zum Herzerweichen,
die Magd einmal um ein Zeichen,
für ihre Arbeit, statt nen` Lohn,
um Ausgang zu dem Kirchendom.

Sie schwor dafür den heilg´en Eid,
zurückzukehren in die düstere Heid.
Es wurde ihr gewähret ....
Zu Ostern an der Kirche dann,
die Christen sahen sie befremdlich an,
weinte die seltsam Maid,
in ihrem groben Kleid.
„Ich heiße Anna Maria Wieferich,
woher ich komme, sag ich nicht.
Verschwunden bin ich sieben Jahr,
siebenmal ich ein Kind gebar.
Nun steh ich hier in meiner Not,
alle Kindlein schlug man tot.
Wohin ich geh, muss ich verschweigen,
die Erbsen werden den Weg euch zeigen.“

Spitzt die Ohren der Gendarm,
auch der Pastor schlug Alarm,
auszurotten böse Meute,
Männer, Gelegenheit ist heute.
Stürmten die Berge mit Knüppeln und Gewehr,
fanden die grausige Höhle, sie war nicht leer.
Darin lag kostbar Beute, aus langer Räuberei,
Schinken, Wein und Proviant,
Dukaten, Schätze, Gold und Silbertand.
Die bösen Unholde wurden gefangen,
in Osnabrück dann aufgehangen!
Im Mordkuhlenberg ist manch ein Loch,
Vorsicht die Geister spuken immer noch!

Johannes Eidt

Geboren 1936 in Osnabrück, lebt als freischaffender Künstler und Liedermacher in Osnabrück.

1956 künstlerische Ausbildung an der Akademie der Bildenden Künste, Stuttgart
1960 Studium der Malerei an der Tokyo University of Arts
1983 Lehrtätigkeit an der Universität Hildesheim
2003 Erster Preis beim Poetry-Slam, Casablanca - Bad Iburg
2004 Erster Preis beim Poetry-Slam, Lagerhalle Osnabrück
2006 Radio Osnabrück -
Sendung: „Ungewöhnliche Senioren"

Auftritte:
Kunsthalle Dominikanerkirche, Osnabrück
Studio ARCUS, Hannover
Kunsthaus Wiesmoor
Hildesheim, Kunstverein
Göttingen, Max-Planck-Institut
Holzminden, Schloss Bevern
Greifswald, BBK- Galerie
Osnabrück, „Regenwaldhaus" Botanischer Garten.

Hiroshima mon amour

Wir tanzten und lachten,
wir sangen und ich hatte mit ihnen gesoffen.
Mein Büßerhemd hatte ich abgelegt.
Ich war schon lang nicht mehr betroffen,
denn zugezogen wären sie alle - in diese Stadt –
und von hier kämen sie nicht.
Und ich sah auf eine neue Erde,
auf eine Stadt im Licht.

Man fand keine Zeitzeugen, keine Statistik,
kein Report, keine Zahlen.
Nur die Touristen raunten:
„Die Gebeine der Opfer würden noch strahlen".
Jegliche Auskunft blieb man mir schuldig.
Ich stoppte meinen Reisebericht.
Es half mir auch niemand weiter,
denn von hier kamen sie scheinbar nicht.

Une Ville malheureuxe, avec la catastrophe,
qui dépasser des jours et pourtant une ville de la lumiére -
Hiroshima - mon amour.

Man zwang mich zu bleiben.
Ich verbarg mich und versuchte zu entkommen.
Es war umsonst, ich wurde entdeckt.
Sie haben mir meinen Reisepass weggenommen,

auf dass hier getanzt und gelacht und gesoffen werde.
Und ich sah einen neuen Himmel und eine neue Erde.

Eine aber küsste mich. Sie kannte die Stadt,
aber auch sie zu fragen, wagte ich nicht.
Der Schmerz der schwindenden Freiheit versiegte
durch den erzwungenen Verzicht.
Sie führt mich über die Hügel, durch die Trümmer,
von der Helle gebleicht.
Und mein Joch war nun sanft,
und meine Last war leicht.
(Matth. 11 28-30)

Dans une ville malheureuxe, avec la catastropfe,
qui dépasser des jours et pourtant c´est une ville de la lumiére -
Hiroshima - mon amour.

(Mit freundlicher Genehmigung von Johannes Eidt)

Mitten in Jerusalem

Ich hab' auf einen Feind geschossen,
mitten in Jerusalem.
Die Kugel hat ihn nicht getroffen,
mitten in Jerusalem.
Er hat sich verzweifelt zu verbergen versucht.
Als ich ihn packte, hat er furchtbar geflucht.
Dann begann er zu jammern,
ich hörte ihn wimmern und klagen,
da ward ich ergriffen.
Ich konnte ihn nicht mehr erschlagen.

Die gefährlichen Waffen hab' ich ihm abgenommen.
„Du elender Drecksack"; schrie ich
und schlug ihm ins Angesicht.
Doch beim Anblick der Tränen
hat Mitleid mich überkommen.
Ich sagte zu ihm:
„Gebahnt sind dir die Wege zum Himmel nicht."

„Oh... Jerusalem", sang er,
„für dich haben wir uns geschunden.
Aus Frömmigkeit sind hier so viele zum Sterben bereit.
Die Aussicht auf Frieden
ist scheinbar für immer entschwunden.
Wo ist deine Macht, deine Pracht,
deine himmlische Herrlichkeit?"

Ich hab' mit meinem Feind gesprochen,
inmitten von Jerusalem.
Er hat im Grund ja nichts verbrochen,

inmitten von Jerusalem.
Es ist mir egal, ob Jude, ob Heide,
ob Moslem, ob Christ,
weil Glaube und Herkunft mir gleichgültig ist.
Später vielleicht, später
schieß ich dich über den Haufen.
Komm mit mir ins Stetl, lass uns einen saufen.

„Oh Jerusalem", sang er,
„für dich haben wir uns geschunden.
Aus Frömmigkeit sind wir hier alle zum Sterben bereit.
Die Aussicht auf Frieden
ist scheinbar für immer entschwunden.
Wo ist deine Macht, deine Pracht,
deine himmlische Herrlichkeit?"

Ich hab' mit meinem Freund gesoffen,
im Herzen von Jerusalem.
Das Tor der Feindschaft blieb verschlossen,
im Herzen von Jerusalem.
Wir zechten und fraßen
und saßen gemeinsam am Tisch:
Fallafel und Zimmes,
Kascha Varnishkes- gefillte Fisch.

Und in der Kneipe hörte man Helleluja singen.
Lasst uns hier verharren,
die Tage mit saufen verbringen.
Lasst uns hier verharren,
die Tage mit saufen verbringen.
Mein Feind war wie ich,
nur noch wenig beflügelt vom Glauben.

Wir zielten und schossen auf Flaggen,
auf fliegende Engel und Friedenstauben.
Und aus den Gassen hörte man Kriegslieder singen.
Lasst uns hier verharren,
unsere letzten Tage verbringen.
Lasst uns hier verharren,
bevor wir zum Himmel aufschwingen.

Zimmes: ein Gericht aus der jüdischen Küche. In kleine
Würfel oder Scheiben geschnittene Möhren werden auf
niedriger Flamme oder im Ofen gegart und mit Honig
und Gewürzen wie Muskat oder Zimt süß-pikant
abgeschmeckt.
Falafel: frittierte Bällchen aus pürierten Bohnen oder
Kichererbsen, Kräutern und Gewürzen. In Israel gilt
Falafel als Nationalgericht.
Kascha: geröstete Buchweizengrütze
Kascha Varnishkes sind Nudeln oder gefüllte
Teigtaschen mit Buchweizengrütze.
Gefillte Fisch (gefüllter Fisch): beliebtes kaltes
Fischgericht, das am Sabbat, an Feiertagen und zu
besonderen Gelegenheiten als Vorspeise gegessen wird.

Anne Koch-Gosejacob

1946 in Bissendorf-Uphausen geboren, wohnhaft in
Osnabrück-Haste.
Belletristik-Studium an der Axel Andersson Akademie:
Lyrik und Prosa.
Veröffentlichungen in Anthologien und Zeitungen
Mitglied der Schreibwerkstatt VHS Osnabrück
Öffentliche Lesungen aus den Romanen

Im Anderen Verlag erschienen:
2002 Kinderbuch: „Vanessa und die Elfenkinder"
2004 Kinderbuch: „Lillys Reise ins Regenbogenland"

Im Eigenverlag: „Oskar und die Lachmäuse"
„Der blaue Klabautermann"
„Nikolaus und Schneegestöber"
„Frohe Ostern"
„Katzen und Menschen"
„Meditation"

Im Geest-Verlag erschienen:
2008 der historische Roman „Der Fluch der Tochter
des Schmieds"
2010 Erzählung „Wenn die Dämmerung den Tag umfängt"
2012 Mörderische Geschichten „Manchmal ist das Schicksal
schneller"
2014 Kriminalroman „Immer das siebte Jahr"
2016 „Liebe Mord und andere Fälle" Geschichten und Gedichte
2018 „ Miranda" Die Legende einer Wiedergeburt

Beim Bod-Verlag:
2022 Casas auf der Suche nach dem Glück
2022 Die Schneiderdynastie, Mode im Laufe der Jahrhunderte

Soldaten

erst geordert, dann gefordert
sinnlos gestorben, als Helden begraben
schizophren: wer wird es je
verstehen

Liebe und Hass, Glück und Leid
Himmel und Hölle, Leben und Tod
Krieg und Frieden, Gedenken und Vergessen
Grabsteine: Namen nie besessen

(Foto: Mit freundlicher Genehmigung von Stefan Schulte)

Ironie des Schicksals

Die Mächtigen der Erde wollten den Krieg
jeder hatte Recht, pochte auf den Sieg
das Volk war begeistert, Bombenstimmung
Größenwahn, tausend Jahre für einen Mann
die Mütter flehten, lasst sie hier unsere Söhne
sie sterben, rennen ins Elend
in ihr Verderben

Mutter sei stolz auf deinen Sohn
er bekommt des Vaterlandes Lohn
einen Orden in Ehren, kann niemand verwehren
doch sie kamen nie wieder, starben an der Front
gefangen, deportiert, fern der Heimat
ein fremdes Land, Kinder zu Hause
den Vater nie gekannt

Den Krieg haben sie gewollt
die Mächtigen der Erde
jetzt bitten sie darum
dass es Friede werde
als Mahnung
ein Ehrentag dem Volk geschenkt
einmal im Jahr an die Toten man denken

Zukunftsmusik

Grau erhebt sich der Tag aus dem All
die blutrote Sonne droht mit Feuer
an den ölverschmierten Stränden liegen
Millionen tote Meerestiere
das einsame Wüstendorf versinkt
unter einer dicken Eisschicht
ein vergifteter Fluss führt
Blut statt Wasser
aus schwarzen Wolken fallen faustdicke
Hagelkörner auf eine verwahrloste Stadt
und der bleiche Mond färbt sich grün

Riesige Kühlschränke bestellen selbstständig
genmanipulierte Lebensmittel
sterile Glastoaster denken an das nächste Brot
interaktive Bücherregale regen zum Lesen an
computergesteuerte Wandspiegel empfangen
verschlüsselte Impulse aus dem Weltall
eine durchsichtige Frau dreht sich
zu leisen Walzerklängen
rosa Apfelblütenträume im diffusen Licht
der untergehenden Sonne
der Tag ist vorüber Jonny Walker kommt
bringt er inneren Frieden

Urlaub

Flug in den Süden
Gedränge beim
Einsteigen
Jeder sucht seinen
Sitzplatz
Findet ihn endlich
Verstaut seine
Utensilien in der
Gepäckablage
Setzt sich schnell hin
Nur ein Mann bleibt
stehen
Weigert sich seinen
Platz einzunehmen
Ruft nach der
Stewardess
Freundliche Frage
nach dem „Warum"
„Ich sitze nicht neben
der dicken schwarzen
Frau"
Verständnisloses
Kopfschütteln
Der Mann schimpft
weiter
Will er Krieg und das
in einem Flugzeug

Vermittlungsversuch
scheitert
Was nun?
Friedensangebot
Alle Plätze der
Economy-Class sind
ausgebucht
In der First Class gibt
es noch ein paar
Sitzplätze
Unüblich einfachen
Passagieren diesen
Platz anzubieten
„Ausnahmen
bestätigen die Regel",
sagt der Flugkapitän
„Wäre ein Skandal,
wenn ein Reisender
während des ganzen
Fluges neben einer für
ihn unangenehmen
Person sitzen müsste"
Der Mann im Gang
will sich bedanken
Die Stewardess achtet
nicht auf ihn
Wendet sich an die
schwarze Frau: „Bitte
stehen Sie auf

Nehmen Sie ihr
Handgepäck und
gehen Sie in die First
Class
Dort ist für Sie
reserviert".
Die rundum erstarrten
Gesichter entspannen
sich
Händeklatschen
Der Mann wird rot,
dann bleich
Weiß, dass er verloren
hat
Setzt sich wortlos
Der Platz neben ihm
bleibt frei

Starke Frauen

Sonntagabend. Anna wartet darauf, dass der Besuch endlich nach Hause geht. Schließlich muss sie noch die Kühe melken. Doch daraus wird nichts, die Wehen setzen ein, kommen in kurzen Zeitabständen. *„Ik gläuwe, et is sauwiet"*, sagt sie zu ihrem Mann, der sofort nach der Hebamme schickt. Die stellt fest: das Kind liegt falsch, muss in die richtige Lage gedreht werden.

„Anna, du musst stark sein, beiß die Zähne zusammen!" Die Bemühungen der Hebamme werden belohnt. Kurz darauf kommt Annas zehntes Kind auf die Welt und wird auf den Namen Elisabeth getauft. Ein zartes Wesen, das oft krank ist. Dreimal kommt das Mädchen mit der Kinderlandverschickung in ein Kurheim nach Bad Rothenfelde, was aber nicht zur Erholung beiträgt, da das Heimweh der Kleinen zu groß ist.

Elisabeth ist ein ängstliches Mädchen, fürchtet sich vor der Dunkelheit, vor Kühen, vor Schweinen und Hunden. Auch lernt sie nie schwimmen, denn im tiefen Wasser bekommt sie Panikattacken. Warum eine Bauerntochter vor so vielen Dingen Angst hat, kann sich keiner erklären.

Mit sechzehn Jahren bekommt Elisabeth eine Stelle als Hausmädchen beim Ehepaar Tübben an der Pattbrede in Osnabrück. Am 20. Juni 1942 erlebt sie dort den ersten Großangriff britischer Bomber.

Im nächtlichen Bombardement gehen Luftminen, viele Sprengbomben und etwa 9.000 Brandbomben auf die Stadt nieder. Sie verursachen schwere Zerstörungen und viele Opfer unter der Bevölkerung. Die Altstadt brennt.

„Du musst deine Angst bekämpfen, musst stark sein", sagt Frau Tübben zu Elisabeth. Mutter Anna hat es ihr auch immer wieder gepredigt.

Als Elisabeth kurze Zeit später mit Pferd und Wagen unterwegs ist, geschieht die Sache mit dem Bombentrichter: Hektor steigt hoch, wiehert, steht auf den Hinterbeinen. Der voll beladene Holzwagen schaukelt hin und her. Die Menschen auf dem Bürgersteig schreien auf, zeigen aufgeregt auf die Straße, zeigen nach unten. Elisabeth reißt an den Zügeln, versucht das Gespann rückwärtszulenken. Langsam, immer noch wiehernd, gehorcht das Pferd. Das Mädchen zieht die Handbremse an, steigt mit zitternden Knien vom Bock, geht nach vorne und streicht dem Tier beruhigend über den Hals. Beide stehen nur einen Meter entfernt vor einem riesigen Bombentrichter, der die Straße aufgerissen hat und in den Elisabeth um ein Haar hinein gefahren wäre. Nur mit Müh und Not bekommt sie das schwere Fuhrwerk gewendet, -beladen mit Brennholz vom Hof ihrer Eltern-, fährt zurück bis zur Josefskirche, von dort zur Iburger Straße, um von oben in die Pattbrede, zum Haus der Familie Tübben zu gelangen.

„Verfluchter Krieg!" Wütend schlägt sie auf das Pferd ein.

Auf dem Rückweg nimmt sie die beiden alten Herrschaften mit nach Uphausen. Dort ist es nicht so gefährlich wie in der Stadt. Obschon…, unten im Zittertal sind auch Bomben nieder gegangen, einige Höfe in Schutt und Asche gefallen.

Auf dem benachbarten Bauernhof steht eine Flak. Soldaten der Heimatfront haben am Tag zuvor ein englisches Flugzeug, das oben über dem Wald aufgetaucht war, abgeschossen. Der Pilot war mit einem Fallschirm abgesprungen, hing in den Bäumen. Die Bauernjungen, auch Elisabeths ältere Brüder, schnappten sich Forken, rannten hin und wollten den „Mistkerl" umbringen. Doch die deutschen Soldaten waren schneller und nahmen ihn gefangen. Die Reste des Flugzeuges liegen überall verstreut. Eine demolierte Tragfläche befindet sogar in der Schweineweide, hätte fast Elisabeths Elternhaus getroffen.

Nach einer Woche fahren Elisabeth und das Ehepaar Tübben zurück nach Osnabrück.

Das gute Essen bei den alten Leuten führt dazu, dass Elisabeth zugenommen hat. Ihr Wintermantel zu eng geworden ist. Sie braucht dringend einen neuen Mantel, bekommt ihn aber vom Amt nicht bewilligt, denn der Stadtrat hat inzwischen alles rationiert. Kleidung und Lebensmittelkarten gibt es nur noch auf Bezugschein. Von Mutter Anna bekommt das Mädchen zu hören:

„Sei stark, kämpfe! Lass dir was einfallen! Sieh zu, dass du einen neuen Mantel bekommst."

Elisabeth hat Hemmungen, überlegt, was sie machen könnte. Schließlich nimmt sie eine Schere, schneidet ein Stück vom Mantel ab, näht die Knöpfe noch enger, zieht den Mantel an und geht zum Amt. Der Angestellte in der Abteilung ist entsetzt. *„Das arme Mädchen!"*

Als er auf ihre Schuhe blickt, schüttelt er nur den Kopf und stellt ihr umgehend zwei Bezugscheine aus.

Ab da heißt Elisabeths Grundsatz:

„Wenn ich nicht mutig mein Ziel verfolge, bekomme ich nichts."

Also bemüht sie sich, ihre ständige Angst zu verdrängen. Bei Fliegeralarm schnappt sie sich das Ehepaar und läuft mit ihnen zum Bunker am Schölerberg. Verängstigt sitzen die Menschen eng aneinander gedrängt auf den schmalen Bänken, zucken bei jedem Einschlag zusammen und fragen sich:

„Steht mein Haus, steht meine Wohnung noch?"

Verlassen die Schutzsuchenden den Bunker, werden sie von Tieffliegern mit Maschinengewehren beschossen. Schrecklich! Überall liegen Tote, schreien Verletzte. Ein grauenvoller Anblick, der Elisabeth die Kehle zuschnürt. Eilig zieht sie die alten Leute von einem Hauseingang zum nächsten, bis sie wieder in der eigenen Wohnung ankommen.

Aufatmen! Für längere Zeit kein Fliegeralarm.

Elisabeth bekommt die Erlaubnis, abends ins Universum Kino zu gehen. Nach dem Kino unterhält sie sich mit einem Soldaten.

Er bietet ihr an, sie bis zur Pattbrede zu begleiten. Unterwegs erzählt er ihr, dass er Berufssoldat ist, in Quakenbrück auf dem Fliegerhorst die Schneiderei für Uniformen beaufsichtigt und sie ihn dort besuchen soll. „*Frag am Eingang nach mir.*"

„*Mal sehn! Vielleicht? Ich rufe an. Die Tübbens haben ein Telefon!*" -1943 besitzen schon zirka viertausend Osnabrücker einen Telefonanschluss-.

Der Unteroffizier geht Elisabeth nicht aus dem Sinn. Gut hat er ausgesehen in seiner schmucken Uniform. Am übernächsten Sonntag steigt sie am Osnabrücker Hasetor-Bahnhof in den Zug und fährt nach Quakenbrück. Dort holt Karl sie vom Bahnhof ab.

Arm in Arm gehen sie durch die Stadt. Karl erzählt ihr, dass er in Wilhelmshaven zu Hause ist. Vor dem Krieg hätte er eine Lehre als Schneider absolviert, wäre gut in seinem Fach. Aber jetzt? Er zeigt ihr den linken Arm. „*Ist bei einem Gefecht durch Granatsplitter abgerissen.*" Dass er eine Prothese trägt, ist ihr bislang nicht aufgefallen. Seinen Beruf würde er allerdings nicht mehr ausüben können.

„Irgendeine Arbeit wird sich schon für dich finden", meint Elisabeth tröstend und berichtet ihm von ihrer Arbeitsstelle als Hausmädchen in der Stadt, von zu Hause, vom Hof ihrer Eltern in Uphausen. Gegen Abend fährt sie mit dem Zug zurück nach Osnabrück.

Von irgendwo her heult plötzlich eine Sirene. Wie aus dem Nichts sind sie da. Tiefflieger! Sie bombardieren den Zug. Bringen ihn zum Stehen. Die Menschen drängen, schubsen, rennen schreiend hinaus, liegen flach im Graben hinter dem Bahndamm.

Elisabeth sitzt wie gelähmt im Abteil, kriecht schließlich unter die einfache Holzsitzbank, hält sich die Ohren zu. Endlich drehen die Flieger ab. Wie ein Spuk ist der Angriff vorbei.

Langsam schiebt sich Elisabeth unter der Bank hervor. Schaut durch das zersplitterte Fenster nach draußen. Überall liegen Tote und Verwundete. Erst nach Stunden kommt der Zug in Osnabrück an. Elisabeth hat wieder Angst. Angst vor Angriffen, nicht vor fremden Menschen!

Gegen Ende des Krieges verlässt Karl unbemerkt den Fliegerhorst und fährt mit dem Fahrrad über Feldwege nach Osnabrück. Elisabeth versteckt ihn in ihrem Zimmer. Am Wochenende nimmt sie Karl mit zum Hof, um ihn den Eltern vorzustellen. Später nimmt der Vater Elisabeth zur Seite und sagt:

„Ik kann di nich vostaun, Wicht. Du bruks jä nich ken rieken Buurn hiäroden, oave een Schnieder? Un dotou no mett eenen Arm?“

Am achten Mai 1945 ist der Zweite Weltkrieg und das „Tausendjährige Reich“, das gerade mal zwölf Jahre gedauert hat, zu Ende.

Karl ist wieder bei seinen Eltern in Wilhelmshaven, schreibt viele Briefe. Elisabeth ist im Zwiespalt. Einerseits mag sie ihn, andererseits hat ihr Vater Recht. Wie soll, wie kann er mit einem Arm eine Familie ernähren? Dann kommt ein Brief von Karls Mutter. Wenn es um Geld gehe, das sei zur Genüge da. Karl hätte die ganzen Jahre seinen Soldatenlohn gespart.

Elisabeth hat Mitleid und irgendwie fehlt er ihr ja auch. Außerdem gibt es so viele Männer auch nicht mehr, die vielleicht in Betracht kämen. Unter Protest der Eltern, der Vater sagt noch:

„Wicht, üöwerlegg et di, bliv hiär“, packt sie den Koffer, fährt nach Wilhelmshaven und heiratet Karl. Da es in der Stadt wenig zu essen gibt, Kartoffeln selten aufzutreiben sind, wird Elisabeth sehr mager, hat dauernd Hunger. Von frischen Aalen, die Karl geangelt hat, bekommt sie Albträume, sieht wie sich die dünnen, mehligen Schlangen in der Bratpfanne bewegen, so als wären sie noch lebendig. Auf dem elterlichen Hof gibt immer genügend zu Essen. Auch hat sie Heimweh, will ihr erstes Kind zu Hause auf dem Hof bekommen.

Ende August steht das junge Paar mit Sack und Pack auf dem Hof. Die Eltern erlauben ihnen, sich das relativ große Besucherzimmer gemütlich einzurichten.

Mutter Anna kümmert sich jetzt um den Haushalt, Elisabeth notgedrungen um die Landwirtschaft und so gut es geht, hilft Karl. Der Vater ist mit seinen 77 Jahren inzwischen zu alt dafür. Die beiden jüngeren Brüder von Elisabeth haben sich geweigert, den Hof zu übernehmen.

Josef, Friedrich und Rudolf sind im Krieg, in Russland gefallen. Und obschon Mutter Anna sehr fromm ist, hadert sie oft mit Gott, denn es sind ihr nur die Mitteilungen der einzelnen Kommandanten und vergilbte Fotos von Gräberfeldern geblieben. Auf dem einen Foto stand geschrieben: „Leb wohl, ein hartes Abschiedswort. Von meinen Lieben zog ich fort. Im fremden Land, in heißer Schlacht, da hab ich oft an euch gedacht. Dann rief mich Gott, mein Los war ein Soldatentod. So tröstet euch, schaut himmelan, was Gott tut, das ist wohlgetan."

„Mutter, du musst stark sein!" Elisabeth nimmt Anna in den Arm und versucht sie zu trösten.

Im Jahr 1946, drei Tage vor Weihnachten, kommt Elisabeths Tochter auf die Welt und drei Jahre später noch eine Tochter. Karl hat inzwischen eine Anstellung bei der Firma Adelt in Osnabrück bekommen, an der Lotter Straße, so dass er in der Landwirtschaft kaum mithelfen kann, Elisabeth alles allein bewirtschaften, wieder mal sehr stark sein muss.

Im Frühjahr und zur Erntezeit bringt sie die älteste Tochter zu ihrer Schwester nach Osnabrück, die sich dann um die Kleine kümmert.

„Du musst stark sein, Mama hat jetzt keine Zeit für dich!", sagt die Tante, wenn das Mädchen hinter der Mutter her weint.

Elisabeths Tochter sagt heute: Verfluchter Krieg! Wenn Mutters Brüder, Omas drei Söhne, nicht im Krieg gefallen wären, hätte einer von ihnen den Hof übernommen, denn diese liebten die Landwirtschaft und ich hätte nicht die halbe Kindheit mit dem Satz *„Du musst stark sein, bei meiner Tante verbringen müssen."* Stattdessen hätte ich eine zufriedene und glückliche Kindheit gehabt.

Himmel und Hölle

Es war kurz vor Kriegsende. Die Amerikaner hatten das Rheingebiet besetzt und in der Nähe des Dorfes, in dem Katharina wohnte, ihr Feldlager aufgeschlagen. Täglich versuchte sie bei ihnen etwas Essbares zu bekommen, denn mit der Ernährung stand es zu dieser Zeit schlecht in Deutschland. Jeder schlug sich durch, so gut es ging.

Heute war es ruhig, friedlich, so dass die junge Frau den Krieg fast vergessen konnte. Aber nur fast. Sie schaute nach draußen. Die Sonne schien wärmend durch feine Schleierwolken. Man konnte schon den Frühling erahnen.

Katharina ließ ihren schäbigen Wintermantel im Schrank und zog nur die dick, blaue Strickjacke über, ein Erbstück ihrer Tante Lena, die kurz vor Weihnachten bei einem Luftangriff ums Leben gekommen war.

Als sie die Straße entlang ging, stand er plötzlich vor ihr. Sie hatten sich schon öfters bei ihren täglichen Besorgungen gesehen. Er gehörte zu den Soldaten des amerikanischen Lagers. Seine Haare waren nicht so kurz geschnitten, wie es sonst bei den GI's üblich war. Mit seinen dunklen traurigen Augen sah er sie an. Dieser Blick, er hielt sie fest. Es war ihr unmöglich weiterzugehen. Sie fühlte sich derart zu ihm hingezogen, dass sie erschrak. Sie kannte ihn ja kaum. Und doch...!

Ihm erging es ebenso. Er legte einfach seinen Arm um sie und küsste sie sanft. Wie ein Hauch berührten seine Lippen ihren Mund und doch rieselte es ihr heiß den Rücken herunter. Ihr wurde schwindelig. Sie konnte nicht mehr klar denken, sah nur noch ihn, hatte nur den einen Gedanken: ‚Ich will von ihm geliebt werden.'

Sie war einsam, allein, sehnte sich nach ein bisschen Wärme, nach Zärtlichkeit. Ihr Freund Hermann war seit langem vermisst und viele der Jungen aus dem Dorf waren gefallen. Er hier war so stark, so männlich.

Eng umschlungen gingen sie ein paar Häuser weiter, bis zu einer Ruine. Das Gebäude war Anfang des Krieges zerstört worden. In den Trümmern wusch Unkraut und Gras. Ein paar einzelne, gelbe Huflattichblüten bemühten sich ihre Köpfe aus dem Schutt zu recken.

Ted, so hatte er sich vorgestellt, zog seine Jacke aus, legte sie ausgebreitet auf den Boden und sie setzten sich darauf. Behutsam nahm er ihre Hand, streichelte sie. In seinem gebrochenen Deutsch sagte er: „*Du schone Hände. Sie schmal, zart. Erinnern an my little sister. An ma'm, an zu Hause....*" Es klang so traurig, sehnsüchtig, nach Heimweh.

Katharina küsste ihn auf die Nasenspitze. Etwas zögernd, ihn noch mal anschauend, auf den Mund. Er lächelte und nahm sie fest in seine Arme.

Als er bedächtig ihre Bluse aufknöpfte, pochte Herz ihr so laut, dass sie meinte, es würde jeden Moment zerspringen. Sein Mund glitt langsam an ihrem Hals herunter bis zur Brust. Teds starke Hand schob sich sacht unter ihren Rock. Lag warm auf ihren Schenkeln. Ihre Blicke versanken ineinander. Die Leidenschaft erfasste sie. Eine Woge, auf und ab, stürmisch wie die Gischt in der Brandung des Meeres. Danach saßen stumm sie nebeneinander und hielten sich an den Händen.

Plötzlich brummten und dröhnten Flugzeuge über ihnen. Ein paar Straßen weiter ratterten Maschinengewehre. Ein Flieger drehte bei, kam direkt auf sie zu. Es hagelte MG-Kugeln. Schützend warf sich Ted über Katharina. Seine Hände krallten sich in ihre Strickjacke. Er stöhnte, wollte etwas sagen, aber seine Stimme wurde brüchig, gehorchte ihm nicht mehr. Schwer und bewegungslos lag er auf ihr. Voller Angst zog sie sich unter ihm weg, rollte auf die Seite und stand auf. Da sah sie es, sah den immer größer werdenden Blutfleck.

Eine der MG- Kugel hatte ihn in den Rücken getroffen, als er sie schützen wollte. Entsetzt fiel sie neben ihm auf die Knie. Schlug die Hände vors Gesicht. Hass stieg in ihr auf. Hass auf die Männer, die den Krieg begonnen hatten. Auf Gott, der alles zuließ. Gab es ihn überhaupt?

Sie fing an zu zittern, hatte das Gefühl ihr Herz sei eingefroren und das, mitten an diesem warmen Vorfrühlingstag.

Laute herrische Männerstimmen in der Seitenstraße schreckten sie auf. Ängstlich schaute Katharina in ihre Richtung. Gleich würden sie hier sein. Sollte sie bleiben? Nein!
Die junge Frau wischte sich ein paar Mal mit dem Ärmel übers Gesicht und huschte dann, immer noch tränenblind, an der Häuserfront entlang nach Hause. Dort verkroch sie sich in ihrem Zimmer, war ein paar Tage kaum ansprechbar. Der Schock saß zu tief in ihren Gliedern.

Über ihr Erlebnis sprach sie mit niemanden, nicht einmal mit ihrer besten Freundin. Sie behielt es für sich, behielt es in ihrem Herzen, denn in dieser schrecklichen Zeit war es trotz allem für sie wie ein Stück vom Himmel gewesen.

Liebe Sarah!

In deinem letzten Brief hast du mich gefragt, was vor Jahren in Amerika geschehen ist, wie es fast zum Dritten Weltkrieg kam und wie die schreckliche Seuche mit den gefährlichen Milzbrand- Bakterien und der anschließend neu auftretenden Covid 19 Viren begann.

Gott sei Dank ist keiner aus unserer Familie umgekommen, an Milzbrand oder Covid gestorben.

Damals habe ich für dich gebetet, denn du warst viel zu zart für dein Alter, eben anfällig für alle schlimmen Krankheiten. Jetzt sind viele Jahre vergangen, eine Ewigkeit, doch es kommt mir vor, als sei es erst gestern gewesen.

Weißt du, liebe Sarah, ich glaube, es ging uns damals einfach zu gut. Keiner in Europa oder Amerika musste hungern. Alles war im Überfluss da. Damit wir aber unsere Konsumgüter genießen konnten, mussten in der dritten Welt die Menschen für einen kargen Lohn arbeiten, starben oft vor Hunger und Elend. Zusätzlich wurden sie von ihren Regierungen ausgebeutet. Die jeweiligen Untertanen versuchten sich zu wehren. Bürgerkriege waren an der Tagesordnung.

Wollte Gott oder das Schicksal den großen Unterschied zwischen den Völkern auf diese schreckliche Weise regulieren?

Um die Jahrtausendwende gab es bereits in Israel, in Russland und im früheren Jugoslawien Kriege. Unter der Leitung der UNO war dein Vater ein ganzes Jahr im Kosovo. Er half mit, die staatliche Polizeitruppe wieder aufzubauen, sorgte dort für Sicherheit und Ordnung. Eine nicht ganz ungefährliche Arbeit, denn sogar wenn er nachts im Bett lag, musste er eine schusssicheren Weste tragen.

Ich war zu der Zeit noch berufstätig. Abends holte mich Opa immer mit unserem alten Mercedes von der Firma ab. So auch am 11. September.

„Mein Gott, wie siehst du denn aus? Bist du krank?", fragte ich besorgt, als ich zu ihm ins Auto stieg. Opa war ganz blass und seine Hände zitterten, als er das Autoradio lauter drehte. Gemeinsam hörten wir die schreckliche Nachricht. In New York waren kurz hintereinander zwei vollbesetzte Linienflugzeuge in das „World Trade Center" gerast. Fassungslos sahen wir beide uns an. Waren wie gelähmt! Ein Unglück? Nein… Es war ein Terroranschlag und das im angeblich sichersten Land der Welt.

„Wer macht so etwas?", fragten wir uns entsetzt.

Zu Hause angekommen, schalteten wir sofort den Fernseher an. Auf allen Kanälen war das gleiche Bild. Eine riesige Feuerwand! Beide Wolkenkratzer brannten. Verängstigte Menschen standen an den Fenstern der oberen Etagen, riefen und winkten voller Entsetzen. Durch die zersplitterten Scheiben sprangen einige panikartig in die Tiefe oder wurden durch die starke Druckwelle herausgeschleudert. Dann, wie in Zeitlupentempo, brachen unter Ätzen und Dröhnen die beiden Türme in sich zusammen, umhüllt von einer riesigen, qualmenden Staubwolke, die sich dann wie ein wütender Drache durch die Straßenschluchten wälzte. Menschen rannten um ihr Leben, schubsten und stießen mit entgegenkommenden Personen zusammen, die in Sorge um ihre Angehörigen waren, da sich viele in den beiden Türmen aufgehalten hatten.

„Meine Schwester, sie hat in der oberen Etage gearbeitet! Mein Mann! Meine Kinder! Oh Gott!", hörte man sie rufen.

Dann ein Kameraschwenk: neue Bilder, Berichte aus Washington! Dort war ein drittes Flugzeug auf das Pentagon gestürzt. Ein schreckliches Durcheinander. Viele, viele Tote!

Liebe Sarah, tagelang hatte ich dieses grauenhafte Bild vor Augen.

Ein vierter, entführter Flieger war in Pennsylvania in einem Wald abgestürzt. Abgespielt von Anrufbeantwortern hörte ich Tage später ergreifende Telefongespräche von Menschen, die sich auf diese Art und Weise von ihren Familien verabschiedet hatten, ehe die Flugzeuge explodierten, ehe die beiden Türme zusammenbrachen.

Kurz danach stellte sich heraus, dass der Drahtzieher dieser Terroranschläge ein reicher, arabischer Moslem war: Osama bin Laden. Er hielt sich bei den Taliban in Afghanistan versteckt.

Liebste Sarah, denk nach und erinnere dich an die Zeit. Damals hast du 14 Tage lang bei uns gewohnt, weil deine Mutter deinen Vater im Kosovo besucht hat.

Durch Radionachrichten hatte sie von dem schrecklichen Attentat in Amerika erfahren und uns telefonisch mitgeteilt, dass sie furchtbare Angst vor dem Rückflug hätte. Als sie dich dann bei uns bei uns abgeholt hat, berichtete sie: *„Alle zehn Minuten haben die Stewardessen die anwesenden Passagiere im Flieger gezählt. Aus Angst, dass sich eine Person auf der Toilette verstecken könnte und als Terrorist zum Vorschein käme. Der bewaffnete Begleitschutz an Bord hat mich aber vor einem Panikanfall bewahrt und wie ihr seht, bin ich sicher in Münster gelandet."*

Amerika hat nach dem terroristischen Massenmord in New York und Washington viel Geduld gezeigt, darauf gewartet, dass die Afghanen den Drahtzieher der grausamen Attentate ausliefern würden. Doch das unmenschliche Regime, das seine Untertanen drangsalierte, mit fanatischer Besessenheit Gewalttäter ausbildete, Frauen wie minderwertige Geschöpfe behandelte und den Drogenhandel mit wachsender Intensität betrieb, weigerte sich strickt.

Großspurig erklärte Bin Laden: *„Amerika wird nicht von Sicherheit träumen können, solange es sich nicht von der heiligen Erde der arabischen Länder zurückzieht. Die Schlacht zwischen wahrem Glauben und Unglauben, zwischen Moslems und Christen, hat erst begonnen."*

Erst einige Wochen später haben die USA, unter Beteiligung der NATO, militärische Ziele und terroristische Ausbildungscamps in Afghanistan angegriffen. Im darauffolgenden Winter sind dort viele europäische und amerikanische Soldaten gefallen.

Von den radikalen Mudschahedin - Gotteskrieger - wurden in ganz Europa immer wieder Anschläge und Raketenangriffe durchgeführt. Als sie sich nach vielen Kämpfen in die Enge getrieben sahen, griffen sie zum Äußersten und setzten Biologische Waffen wie Nervengas und Milzbrand-Bakterien ein. Viele Menschen sind daran zu Grunde gegangen.

Als Amerika drohte, radikale arabische Länder dem Erdboden gleich zu machen, notfalls mit Hilfe von Atomwaffen, wurde das Versteck von Osama bin Laden verraten und der amerikanische Präsident Barack Obama befahl die Erstürmung seines Anwesens in Pakistan. Dabei ist der Al-Qaida-Chef Osama bin Laden erschossen worden.

Im Sommer unterzeichneten die Regierungschefs und Monarchen aller Länder, sowie hohe Würdenträger der Weltreligionen, ein Friedensabkommen.

Inzwischen wurde vieles wieder aufgebaut und das Leben hat sich normalisiert.

Liebe Sarah, ich hoffe, dass ich deine Fragen einigermaßen beantwortet habe. Falls nicht, können wir uns über das Thema bei deinem nächsten Besuch ausführlich unterhalten, denn ich habe einige Zeitungen von damals aufbewahrt.

Ganz liebe Grüße, Deine Oma Emmi

Leo Menkhaus

„1949 in Osnabrück geboren, tatsächlich (nicht nur gefühlt) Nachkriegskind, das noch den Mangel an vielem kennen gelernt hat. Mein Vater war Handwerker, dem wir Jungens oft zur Hand gehen mussten beim Wiederaufbau des teilzerstörten Elternhauses. Dabei tat ich nichts lieber als lesen! Grundschule und dann Gymnasium, integriert ins Internat der Steyler Missionare. Kontra: Ich war von zu Hause weg, pro: Ich machte mein Abitur. Dann Lehramtsstudium Deutsch und Geschichte, keine Stelle bekommen und seitdem in verschiedenen Bildungseinrichtungen, meist in Sprachkursen als Dozent gearbeitet.

‚Nebenbei' habe ich oft und gern Gedichte geschrieben, fast immer nur einigen Freunden vorgestellt."

Tiefenschichten

**(Nach denen sich
besser auszurichten!)**

Zerschlagen, wo sie,
all' die Brücken;
zerschlagen, wo sie,
all' die Brücken:
Werd' ich ihm
zu Leibe rücken!
Werd' ich ihm
zu Leibe rücken,
meinem schlimmsten Feind!

Wollte schon das
Messer zücken!
Wollte schon das
Messer zücken,
als sie fiel mir
in den Rücken!
Als sie fiel mir
in den Rücken:
meine Seele! – W e i n t!?

Der Mensch

Der Mensch ist frei,
so frei wie ein Ei,
das durch die Welt
rumeiert.

Er spielt sich gern auf
als großer Held,
was er, wenn ihn
die Angst befällt,
lieber total – verschleiert.

Hirnrissig!
(Und doch irgend-
wie schlüssig)

Ich hatte gehört, das Gehirn,
das gehöre immer nur einem,
dem, auf den es hört
& dem es natürlich
Gehorsam schwört ...

Und sei es, wie es sei,
ob nun >Barbarei<
oder >Schönfärberei<
oder >Zuhälterei<
oder auch >Sittenpolizei< ...

Einerlei!
Einerlei!

Es ist doch auf jeden Fall
immer mit dabei!

Ja, und es heißt ja auch, man könne
sich unter allen Umständen
auf sein Gehirn verlassen:
Nicht wir bräuchten auf es,
es würde noch immer
auf uns aufpassen!

Wachsam! -
Achtsam! -
Äußerst aufmerksam! –

Vom Großhirn über den Hypo-
thalamus - der ja deutlich unterscheide
zwischen >Genuss< und >Muss< -
bis zum Hirnstamm ...

Alles in allem ist man doch mit
seinem Hirn - Quasi das unbe-
schreiblich schöne innere (!) Sonnen-
gestirn, das wir alle ständig
mit uns führ'n -
weil es (fast) alles kann,
beinah immer gut dran! –

//:Und dann hört man - O Mann! - ://
Man werde ja immer auch mal wieder gleichgerichtet,
auf einen (fana.
tischen) Führer ausgerichtet,
um nicht zu sagen: abgerichtet!!

Mann-O-Mann!
Mann-O-Mann!

//:Und das Gehirn, ja, mach' es das mit?!://
Und folge dem Ganzen Schritt für Schritt?!
Und mache sich irgendwie klein und
stelle sich widerstandslos(?) darauf ein,

nur noch im Gleichschritt (mit-)
zumarschieren,
& zu parieren & nach Maßgabe
des Führers zu agitieren
& dabei seine bisher so unverzichtbare
Autonomie wie auch Autarkie
zu verlieren wie auch seine
bisher so geschätzte
Bonhomie & Philantropie?

Gehört das Gehirn also doch nicht nur einem, einem
selbst? Will es nach Wünschen &
Willem, seinem, oder doch lieber
von sonst irgendeinem
fahren; also unbedingt mal
aus der Haut?!
(Und da kommt ein Führer, unter
dem man sich traut!!)

Ab also - Fuck! (Und nicht nur das 'Pack'!) -
in die jodelnde, brodelnde >Volks-
gemeinschaft, die alles rein-
schafft, was sich
zu einem stinkenden,
braunen (Blut- oder Rasse-) Klumpen
zusammenkochen lässt?!

Die Pest, die Pest für all das & den Ge--
danken, es gäb' für das autonom
gedachte Gehirn eben doch
keine Schranken oder zu-
mindest Dämme,
wo sich ggf. dann einer gegen die
rassistisch forcierten (Sturm-) Fluten
entgegenstemme,
komme, was da wolle!
Komme, was da wolle! -

Wäre es so, der Mensch also tatsächlich
mental und / oder auch emotional
beschränkt - (& damit ja wohl
auch in seiner Ehre gekränkt!) -,
er wäre, wir wären alle,
alle immer wieder
total, total von der - Rolle! –

(Es gibt aber immer auch Menschen, tolle,
kluge, verständnis- & liebevolle ...
Tun wir uns besser mit denen zusammen!)

Und ich denke, bei diesem schönen Ge-
danken lässt es sich doch noch
wieder ein wenig entspannen.

L' Empereur

(Auch >Hasardeur<)

Vom Reden: vom Rüsten!
Und sich damit brüsten:
Das kriegte er hin! –

Und schon ist's beschlossen!
Und schon wird geschossen!
Und schon steh'n wir alle
                gefühlt mittendrin!

Rattenscharf
(Jedenfalls bei Bedarf)

Wenn Ratten ritten,
die, unbestritten,
zunächst mal alle
´n Kollaps erlitten,
schon kaum,
dass es losging
oder - ´n Ding! -
das Pferd, das Spring-
pferd zu schnau-
ben anfing,
sobald dem aufging,
dass da in der Mähne,
´ne – Ratte(!!) hing,
nicht eine, nee – 10!!
Grund genug doch
um durchzudrehn!!

Und zeigte die Zähne,
den 10 in der Mähne:
Das könnt´ euch so
passen!! -
Ich krieg´ euch
zu fassen!!

Und sprang in die Höh´…
- Ruckzuck! -
Dann ´n Dreh:
mal links rum,
mal rechts rum,
mal straff den Rücken,
mal krumm …

Die Ratten, die quiek-
ten all wie dumm
& tobten & wirbel-
ten hart herum,
bis eine
nach der andern
herunterflog:
die einen in den
Schweinetrog,
wobei sich manch eine
´s Näschen verzog,
die andern in die Tränke …,
- Die schwimmen konnten,
  bedenke! -
& dahin & dorthin,
dermaßen gerüttelt,
bis er sie vollständig
abgeschüttelt,
der Rappe, der wilde,
mit Kraft
& Geschick …;

(Egal, wie sie bissen
in sein Genick!)
Und war – entronnen
der Plage so -
seines Lebens als Spring-
pferd wieder - froh!!

Die Ratten, die dem De-
saster entkamen, die
mussten nun wieder
nach Würmern
kramen:
über oder auch
unter der Ede …

Nur nicht, nie mehr
auf dem Rücken
der – Pferde!!

Mann & Mond

Er schlief
Er schlug.
Er schlug.
Er schlief.

Und
über ihn
der Mond
hinlief.

Er schlug.
Er schlief.
Er schlief.
Er schlug.

Was nicht
einmal
der Mond
ertrug

& einen
Kuss
ihm warf
ins Kissen.

Er -
Träumt er? -
war hin -
gerissen

& schlang
& schlief
& schlief
& schlang

die Arme
um den
Kuss:
Hab´ Dank!

Diagnose

**(Erschöpfte Schüler, die vor dem Reichstag
ihre nackten Füße zeigen.)**

Als sich - krass! - fast alle Rosen, die sich sonst
ganz gut mit uns vertrugen, ganz plötz-
lich in die Büsche schlugen,
holt' ich Rat ein,
klar, bei ein paar Freunden, klugen …

Schweigen erst, ein banges; Rau-
en dann, ein langes:
ADHS?! –

„Hitze-", hieß es schließ-
lich dann, „bloß
Hitzestress!"

Nike, gestrandet bei Binz

Ganz Rügen scheint wie umgewandelt,
dem Westen gründlich anverwandelt:
Die Handelsketten sind am Platz.
Da hab' ich diese Frau gefunden,
vom Schicksal, seh' ich, schwer geschunden:
Ihr Einsatz, Gott, war für die – Katz'!

Sie steht im Block wie festgefroren.
Die Augen blicken wie verloren
auf eine dunkle Zukunft hin.
Mit starrem Blick beklagt sie leise:
Vergeblich war die weite Reise.
Ein Sieg, der war hier niemals drin!

Der Göttin - Sie hing fest am Zügel
der STASI - stutzte man die Flügel!
Derart erringt man keinen Sieg!
Die Zeit war ihr nicht wohlgesonnen,
die Wende hat bereits begonnen:
Wach auf, o Göttin! Rühr dich! Flieh--g!"

Oscar Arnulfo Romero

Im Staate El Salvador
schrie laut ein Bischof: Erbarmen!
Das rief Entrüstung hervor
bei den Reichen, doch nicht bei den Armen.

Hier herrschen noch immer die Reichen
mit Hilfe der USA.
Sie geh´n dabei über Leichen:
Ihr wisst, wie es diesmal geschah.

Der Bischof fiel in den Mauern
der Kathedrale der Stadt.
Ihn müssen die Armen betrauern
und müssen wenden das Blatt.

Ihn müssen die Armen betrauern
und müssen wenden das Blatt.

Ritter-Los

Hoch über Rathen,
auf der Bastei,
lebten einst Ritter,
frank und frei.

Sie saßen hinter
Fels und Wehr
und drückten
ihre Leute schwer.

Von dem das Fleisch,
von dem das Korn;
und auch die Händler
viel verlor'n.

Das kam davon,
sie hatten Macht.
Doch neue Zeit
kam über Nacht.

's gab neue Hüte,
neue Kleider.
Die sah dort oben
niemand leider.

Und auch der Ritter
wollte tanzen.
Das ging nicht gut
auf seiner Schanzen.

Er stieg herab
- Die Burg verfiel -
und wurde Städter,
ja zivil! –

Zeh-Sur

("Wir sind 'n Volk!")

Ein Haus der Köpfe? Auch der Füße!
Die ich tunlichst mitbegrüße.
Sie, so jung & unbeschwert,
so entspannt, so aufgeklärt,
dass sie´s ganz von selber tun:
hier & jetzt sich auszuruhn.

Drinnen war der Weg ein langer:
Druck der Blase, Blick, ein banger,
auf die Türen, auf die Uhren,
Lobbyisten auf den Fluren …
O wie windet sich der Geist,
wenn der Darm bedrängt ihn dreist!

Liegt wohl auch an der Geschichte,
(die hier kriegste zu Gesichte!)
Männer meistens: unten, oben.
Welche reden, welche toben …
& die kriegen dann die Macht.
(Bis das Haus zsammenkracht!)

Aus, vorbei, ´n Haufen Plunder;
Kalter Krieg & dann das Wunder,
Widerstand & ernste Mienen:
>>Endlich raus aus den Ruinen!<<
Umbruch, Aufbruch, neues Dach …
(Hoppla: Dieses **Volk** ist wach!)

(Foto: Leo Menkhaus)

Grande Madame

Viel Ärger gibt´s in der Geschichte
und – wie auch sonst - in dem Gedichte
und grade auch in dieser Zeit:
Die **Elbe** macht sich mächtig breit!

Die **Grand Armee** der Wassermassen
bedroht die Brühlschen Hochterrassen
und ist schon vielfach eingedrungen:
Im Straßenkampf wird schon gerungen!

Es schwimmt die Semper, schwimmt der Zwinger,
die Hofkirch´ droht mit nassem Finger,
die **Glocke** bebt im heil´gem Zorn:
Nicht noch einmal, o Gott, von vorn!

Der **Elbe** stille Kanonaden
kartätschen fürchterlich Fassaden.
Die Bürger, als sie dies erkannt;
sie leisten heftig Widerstand!

Barrieren werden rasch gebaut,
ein jeder wehrt sich seiner Haut
und hofft mit Spaten, Eimern, Erden
der **Wassermassen** Herr zu werden!

Um Keller wär´ ein Damm zu bauen,
doch schneller wär´ er schon zerhauen
von dieser braunen, zähen **Flut**:
O Männer, dran mit heil´gem Mut!

Die nackten Beine heben, senken
(An Uniform ist nicht zu denken!)
und legen an die Säcke Hand:
Gott gebe, dass sie hält, Wand!

Vergebens: Weiter steigt der Pegel
und das Kommando streicht de Segel
vor diesem nassen Element:
Hier führt nun **Alba** ´s Regiment.

Dem **Kanzler** braust es in den Ohren:
„Es ist", spricht er, „noch nichts verloren!
Kinners, kommt, wir packen´s an!"
Die nicken bänglich: „Gut, alsdann!"

(Wähnend, hinterm Wogenkamm
lauert schweigend **Grande Madame**!)
Und während ich das hier berichte,
geht sie schon weiter, die Geschichte …

(Fotokopie von Leo Menkhaus)

Wirbel-Wind

Im Sturm verschob
- Es ging geschwind! -
ein Wirbel sich
beim Wirbel-Wind.

Er war gerade
voll in Action,
da spürte er den
Schuss, den Hexen-

& schrie & brüllte
voller Schmerz
& fiel & raste
meereswärts

& brachte Schiffe
in Bedrängnis
& wurde Fischern
zum Verhängnis

& tobte, seufzte,
krümmte sich
& wurde weich
& weinerlich ...

So sehr, dass er
den Herrn Passat
um eine Unter-
redung bat!

Und der verschrieb
 ihm eine Kur:
Er müsse Ruhe
halten nur

& dort, in wärme-
ren Gefilden,
ablegen diesen
Ton, den wilden!

Das tat er; wurde
- en passant -,
der Wirbel-Wind,
zum Bonvivant!

Die Flüchtigkeit von Fliegen

(Und doch, sie leben,
                Ihr Lieben!)

Die Flüchtigkeit von Fliegen,
die já doch fast nichts wiegen,
nie lärmen, lästern, lügen
& einen nie betrügen
und auch so recht nichts wagen:
noch nicht mal **Schaben** jagen!!
Und keinen Schampus schlürfen,
obwohl sie's durchaus dürfen …

Wohl wahr, sie sind nicht fett
& liegen nie lang im Bett
& hängen auch nicht rum
& saufen nicht wie dumm
& könn' sich gut benehmen …
Ach was! - S'on **Quatsch**, das eben!

Sie können ganz schön nerven!!
Könnt' einen Schuh nach werfen!
Bloß mal ein wenig schwitzen,
schon haste eine sitzen!
Haust drauf & - triffst 'se nicht
& machst 'n dummes Gesicht!

Sonst … weiter nichts zu berichten:
Keine Soaps, keine Sexgeschichten,
keine Wahl zur Mutter …, zur Miss …
'n Dreck wert!! - 'n Fliegenschiss!!

S i e lebt in keiner 'Blase',
schlägt Haken wie'n Hase
& springt dir rum auf der Nase:
Du Tollpatsch! Du Idiot!
– Erwischt!! Voll!! - Mausetot!!!

Wolfgang Meyer

Wolfgang Meyer wurde 1948 in Osnabrück
geboren. Er widmet sich seit vielen Jahren der
Literatur. Bevorzugte Arbeitsgebiete sind Lyrik und
Kurzgeschichten.
Veröffentlichungen in diversen Anthologien und
Zeitschriften.
Preisträger verschiedener Lyrikwettbewerbe.

Er leitet seit mehr als zehn Jahren die
Literaturgruppe "Schriftrolle".

Sehr geehrter Herr Parteichef

Aufgrund Ihrer Kriegserklärung
vom 5. dieses Monats
sehen wir uns gezwungen,
Ihnen mit aller Entschlossenheit
und festem Willen
den Frieden zu erklären.
Alle Nachteile
die Ihnen und Ihrem Volk
aus der Missachtung
unserer Erklärung
entstehen
gehen einseitig zu Ihren Lasten,
denn Sie wissen selbst,
Gewalt hat keine Vorteile.

Sollten Sie Ihre
oben genannte
Erklärung
jedoch verwirklichen,
wird mein Volk
Ihre Truppen
mit völliger Missachtung strafen.

In der Hoffnung,
den Frieden erhalten zu können
grüßt Sie
der Präsident.

die Taube der Eintracht
um des lieben Friedens willen

oh
nur Ehegewalt
sollt ich dafür
meine Flügel zähmen
die Krallen ankern
wo doch....

ich denke zu menschlich

hier ranken die Urkeime
für Unfrieden
überwuchern eilends
das Erdenrund
setzen sich in Gehirne fest

auch für einen Leidenden
lohnt sich meine Landung
um
die verhärtete Frontenkruste
aufzuweichen
Gene kann ich nicht
verändern
aber Verhalten

Woche des Friedens

Am ersten Tag nach Friedensbeginn
gab es nur noch zehn Tote.

Am zweiten Tag gab es nur
vereinzelte Schüsse.

Am dritten Tag sprach man von
Frieden.

Am vierten Tag gab es ein
Feuerwerk.

Am fünften Tag warf man sich
gegenseitig Vertragsbruch vor.

Am sechsten Tag scheiterten erneute
Friedensverhandlungen.

Am sechsten Tag gab es wieder
rege Kampfhandlungen.

Nur die Besten sterben jung
-Text auf einer Kranzschleife-

wer mühsam sich
durch´s Leben quält
sich vom Gnadenbrot
des Alters nährt
die Weisheit
dem Mittelmaß
zum Fraße vorwirft
und schamvoll
auf die toten Guten
schaut

muss der
der zitternd
sich die Wege bahnt
im Geist
zwar rege
jedoch gedanklich
kleinschrittig wandelnd
in offener Demenzerwartung

der geschundene Körper
hilfsmittelgestützt
angegreist
belächelt
wenn bewegungssteif
unerreichbar
gesellschatftliche Geschwindigkeit
fern der Norm
der Speichel tröpfchenweise
unbemerkt
eine Lebensspur zeichnet
ausgetrocknet
schnell vergessen

muss der
der die Beschwernisse
des Alterns erleidet
neidvoll auf
die jungen Toten blicken
die
die Leiden eines langen Lebens
nicht auf sich nehmen mussten.
Keine Antworten
auf frühes Sterben findend
werden Lebensbeste gemacht

Mein Tod als Kulturfest

Leibesende
Eichensarg
mit Kupfergriffen
sinnlos
Veraschung
erfordert Einfachheit
Trauerrede
für einen Gutmenschen
ist Genugtuung
für die
tränenreiche Versammlung
Himmelfahrtsmusik
live gespielt
ein paar fasche Töne
wenigstens
Blumen auch
vergänglich wie ich
Zeitungsannonce
in aller Stille versengt
meine Asche
vielleicht düngereif

schlichter Kuchen
mit schwarzem Kaffee
(mit Sahne darin
hebt die Stimmung)
Beerdigungskultur
hat Niveau

.

Frieden

diese himmlische Kost
mundet nicht allen

puderzuckersüß
der Genuss
von Streit und Krieg
dieser Geschmack
genetisch bestimmt
Ist wie der Mistel
schamloser Angriff
auf den Wirtsbaum

der Jäger und Sammler
in uns
konservierte
die Erbmasse
zuweilen dominant
als Kriegslust
Frieden scheint mancherorts
eine
unbekannte Vokabel
zu sein
Konfrontation
wird
zur
inneren Genugtuung

ist das Frieden???

Gerechter unter den Völkern

Hans Calmeyer

wer kann dem hehren Wort
gerecht werden
es ausfüllen
bis ins eigene Martyrium

warum einen
Menschen verhelden
der Retter
und Vernichter
der Verwalter
des Bösen
in edler Gesinnung
war

den Mut hatte er
in höchster Gefahr
zu retten
jedoch
die Anklagen
der Opfer
sind zu ertragen

Beihilfe zum Mord
diese juristische Drohung
steht im Raum
zugleich wie

ein Engel
in schweren Zeiten gewesen zu sein

wer geschönte Dokumente
akzeptierte
musste wissen
wieviel sie den Antragstellern
kosteten
die Vermögenslosen
blieben oft auf der Strecke......

die zwei Seiten der Medaille
heißen
Ambivalenz

nicht museal erhöhen
seiner gedenken
heißt
ehrlich abzuwägen
als ständiger Prozess

es ist zu einfach
in Freiheit
zu urteilen
einer Freiheit
die er nicht hatte

Das Märchen vom Frieden

Es waren einmal zwei Herrscher. König West und König Ost, sie hatten große Reiche, nur getrennt durch einen mächtigen Fluss. Beide wollten ihr Reich stets vergrößern und mächtiger werden. Der breite Wasserlauf jedoch war ein unüberwindbares Hindernis. Niemand kam ungesehen ans andere Ufer und so blieb es bei kleinen, aber stetigen Scharmützeln. Darüber wurden die Könige alt und unlustig bei den ständigen Querelen. Sie starben alsbald. Die Söhne kamen an die Macht, sie hatten beide die Gier nach Eroberung von ihren Vätern vererbt bekommen. So gingen die kriegerischen Auseinandersetzungen weiter wie bisher. Jedoch der Weg ins Feindesland war ihnen verwehrt. Es gab viele Opfer, die Krieger wurden entweder vom Feind getötet oder sie ertranken im eiskalten Wasser des Flusses. Es herrschte großes Leid beim armen Volk. Ohne Landgewinn verstarben schließlich die Könige in hohem Alter. Sie hatten beide nur jeweils eine Tochter hinterlassen. Die Königin des Westreichs war zäh und verwegen, auch sie besaß die Gene ihrer Vorfahren. Mit einer List überwand sie ungesehen den großen Fluss, besetzte das feindliche Reich Ost mit ihren Soldaten und ließ ihre Gegenspielerin töten. Sie herrschte nun viele Jahre über zwei Reiche, vereinigte diese dann und krönte sich selbst zur Kaiserin eines Großreiches. Als sie schließlich verstarb hatte die Alleinherrscherin keine Nachfolger. In ihrer Maßlosigkeit und ihrem Egoismus war kein Platz für einen Prinzen gewesen. Das vereinigte Volk war plötzlich ohne Führung. Nach kurzer Überlegung beschloss man sich selbst zu verwalten und zu regieren, damit endlich Frieden, Ruhe und Glück im Leben der Menschen einziehen konnte. Aber die gewählten Volksvertreter bemerkten schnell wie schwierig denken, planen und entscheiden war. Es gab viele Meinungen, andere Vorstellungen, es gab ständig Streiks und man wurde sich nicht einig. Das Volk verlor die Kraft und den Willen, die Dinge in die eigene Hand zu nehmen. „Wir brauchen, ja wollen wieder einen König, der uns führt zu dem wir aufblicken können", schrien die Menschen. Man fand einen entfernten Verwandten des alten Königsgeschlechtes. Er war rasch willens sich krönen zu lassen. So geschah es dann unter jubelnder Teilnahme des ganzen Volkes. Just hatte der König alle Macht an sich gerissen, wurde ein großes Heer aufgestellt und ein Überwachungssystem aufgebaut, damit alle Königsuntreuen erfasst werden konnten. Eroberungen fremder Gebiete wurden schnellstens geprüft von den Beratern des Königs und die Dinge nahmen ihren Lauf. Den Frieden, ja den Frieden, den alle sehnlichst erhofft hatten, war verloren.

Der Osnabrücker Handschlag
Oder
Friede, Freude, Eierkuchen

Es war der warme Sommermonat August. In den
kühlenden Räumlichkeiten des schwedischen
Hauptgesandten Johann Oxenstierna, im Schatten
des Doms, ließ es sich gut verhandeln.
Die Platzordnung für Haupt- und Nebengesandte
sowie für die Schreiber war vorgegeben. So traf man
sich abschließend am 6. des genannten Monats. Der
kaiserliche Gesandte Volmaar verlas über Stunden
den, in vielen kleinen Verhandlungskreisen
ausgehandelten, Friedensvertrag. Hier und dort gab
es noch Diskussionsbedarf und kleine
einvernehmliche Veränderungen, dann stand der
Frieden auf der sicheren Seite des Papiers.

Plötzlich jedoch zog ein anheimelnd friedvoller
Duft durch den großen Saal. Die Herren kamen in
freudige Erregung, die Nasen ahnten
Ungeheuerliches und die Augen quollen über, als
Osnabrücker Frauen die Friedensverhandlungen
mit Eierkuchen und Speck, nach heimischer Art,
krönten.

„Männer machen Kriege, Männer machen Frieden,
das letztere muss belohnt werden", so sprach man.

Waren die vielen Gesandten über manche Osnabrücker Unannehmlichkeiten jeglicher Art in der Vergangenheit empört gewesen, nun konnten sie fröhlich die Annehmlichkeiten dieser Stadt genießen und sie taten es nach schweißtreibender Geduldsarbeit ganz genüsslich.

Alle Anwesenden gaben sich gesättigt, froh entzückt und gutgelaunt die Hand und versprachen anschließend, dass ein jeder in seiner Heimat diesen außergewöhnlichen Eierkuchen bekannt machen werde als Osnabrücker Friedenskuchen. Der Friedensvertrag zu Osnabrück musste nicht mehr unterschrieben werden, womit Schwedens Problem mit Frankreich gelöst war. Ein Handschlag schafft Werte für Frieden und Eierkuchen. Das wurde einvernehmlich festgehalten.

Über der Stadt lag der Geruch einer friedvollen Zukunft.

Frieden auf Rezept
- frei verkäufliches Therapeutikum

FRIEDEBANAL forte

Hochwirksames Mittel
gegen ruhelose Gewaltbereitschaft.

Zusammensetzung

Gandhilin verstärkt durch Baldrian
und eine Prise K.O.-Tropfen.

Dosierung

Zweimal täglich morgens und mittags
drei Tropfen nur
auf dem bei guter Wirkung nicht abzugebenden
Löffel.

Wechselwirkung

Die Einnahme kann durch enorme
innere Bereitschaft verstärkt werden.

Gegenanzeigen

Personen mit starker Kriegslust sollten sich
mehrere Tage nicht aus der Wohnung bewegen.

Risiken und Nebenwirkungen

Bei Überdosis kann es zu vorrübergehender
Schläfrigkeit kommen.
Bei empfindlichen Personen wurde später
abklingendes Friedenstrauma festgestellt.
Dieses Mittel ist haltbar bis zum Ende jeglicher
Gewalt.

Uwe Schwindt

Geboren 1962 in Paderborn, wohnhaft in
Bissendorf, Landkreis Osnabrück.

Veröffentlichungen in mehreren Anthologien, u.a.
„Das Mädchen mit dem roten Koffer und andere
unglaubliche Geschichten" und „Märchen im
Reim" erschienen im net-Verlag.

Teilnahme an diversen Literaturwettbewerben und
Poetry-Slam-Veranstaltungen sowie
Lesungen mit anderen Autoren in der Region
Osnabrück.

Friedenstaube

Sie schwebt ganz still und leise
und zieht am Himmel so ihre Kreise.
Schaut von oben auf die Welt hinab
wie Menschen schaufeln sich ihr eigenes Grab
wie Panzer rollen und Bomber düsen,
wie Soldaten sich mit Gewehrsalven grüßen.
Hass und Gewalt, soweit sie kann blicken,
nur eine Frage der Zeit bis sie ihre Raketen
schicken.
Darunter leiden die Kleinen,
die sich in den Armen liegen und weinen.

Flieg, Vogel, flieg und bringe den Frieden
bis weit über die Grenzen hinaus,
dass er einkehre bei uns auf Erden und in jedes
Haus.
Lass Menschen beenden Krieg und Streit,
hier im Ort und in jedem Land
und auf der dem ganzen Erdenbreit
knüpfen die Menschen Hand in Hand
an dem Friedensband.

Friedensverachtung

Modische Anzüge und schicke Schuhe
Politiker-Lächeln und gelassene Ruhe.
Gelangweilt blicken sie sich an,
zum tausendsten Mal schon Friedensplan,
ach, Frieden ist so monoton.

Politiker durch unbedachtes Handeln
Frieden oft in Krieg verwandeln,
den sie selber dann nicht führen,
weil sie sonst ihr Leben verlüren.

Geißel der Menschheit – ewiges Streiten
Aufrüsten, Drohen, Krieg vorbereiten.
Stetes Hassen, Hetzten und Lügen,
der Macht zuliebe die Wahrheit betrügen.
Anstatt den Frieden zu erhalten,
werden die Länder gespalten.

Gewalt eskaliert, wird zum Fanal,
bringt Tod, Verderben, Not und Qual.
Was vom Menschen über Jahre sorgsam errichtet,
wird von Ihm grausam vernichtet.
Unsinniges Morden und Schlachten,
das Leben der anderen zynisch missachten.

Wann wird es auch den Politkern klar,
dass Krieg noch nie die Lösung war.

Ritter-Sport

Bei der letzten Tafelrunde
verbreitete Ritter Artus folgende Kunde:
„Das Ritterleben ist nicht mehr schwer,
denn wir führen keine Kriege mehr."

Erstaunt fragen Ihn die Ritter,
„Werden wir dann noch verehrt?"
„Was geschieht mit Lanze, Schild und Schwert?"
„Das Zeug ist doch noch gut,
so frei von Rost und Blut."

Die Ritter hatten wenig Lust
und zogen sich voll Frust
auf ihre schicken Burgen zurück,
Müßiggang und Wein ward nun ihr Glück.
Von beidem hatten sie jedoch zu viel
und brauchten nun ein neues Ziel.

Und sie spürten auch
Ihren dicken Bauch.
Sie fassten den einstimmigen Beschluss,
dass was getan werden muss.
Um sich gegenseitig Respekt zu bezeugen
Fingen sie an ihre Knie zu beugen.
Der Bauchumfang ging merklich fort
dank Ritter-Sport.

Weltfrieden

Für manche ist der Frieden in der Welt
kein zartes Pflänzchen,
sondern Unkraut,
das erfolgreich vernichtet wird.

Das Letzte

Heutzutage wollen die Menschen nicht so sehr
das letzte Word wie den letzten Schuss haben.

Ines Täuber

1976 geboren,
Studium der Kunstgeschichte, Geschichte und
Romanistik.

Schon als Kind habe sie Gedichte und Erzählungen
geschrieben.

Veröffentlichungen:
Im Schnappfroschteich (2022) ISBN 97837568274428
Försjös Abenteuer (2022) ISBN 9783756850501

Die apokalyptischen Reiter

Horch, wer zieht über die Lande,
die apokalyptische Reiterbande.
Krankheit, Not und Tod und Kriege,
viel zu leicht sind ihre Siege.

Und alle, die ihnen im Weg stehen wollen
jagen sie mit lautem Bombengrollen.

Sie schlachten das Leben, die Würde nieder
und lachend singen sie Heldenlieder,
genährt von den Propagandagetösen
der Medien huldigen sie dem Bösen.

Die Sehnsucht nach Frieden mit Gebeten
wird von ihnen mit Füßen getreten.

Sie kommen geschwinde, sie kommen über Nacht
und haben Millionen schon umgebracht,
die an den Fronten alle sterben.
Sie führen sie ins Verderben.

Ein Menschenleben ist ihnen nichts wert.
Das Rad der Geschichte stets wiederkehrt.
Die Reiter, sie dienen der Macht und dem Geld
und ziehen in den Abgrund die ganze Welt.

Sie toben und traumatisieren die Menschheit,
sie kennen keine Grenzen, sie kennen nur Leid.

Und alle, die auf die Straße drängen,
um zu protestieren, lassen sie hängen.

Den Seelenfrieden nimmt der Tod.
Wir sitzen doch alle im selben Boot
und gehen unter mit Mann und Maus.
Wir müssen aus diesem Teufelskreis raus.

Die Sehnsucht nach Frieden soll uns lenken.
Lasst uns der vielen Opfer gedenken
und fange jeder bei sich dann
mit der Suche nach innerem Frieden an.

Wollt ihr die Toten alle rächen,
werden nur die Waffen sprechen.
Schlagt ein die Mauern, reißt weg die Wände
und reicht euch am Ende friedvoll die Hände.

Setzt euch in Bewegung, gebt ein Zeichen,
auch an Gräbern darf nicht weichen
Mut, Sprache, Gesten, guter Wille
gegen die trügerische Stille,
die vor dem Sturm der Reiter waltet
und sich in alle Welt entfaltet.

Dies soll euch eine Mahnung sein.
für Frieden, wir sind nicht allein.
Denn weil es vielen schlecht ergeht,
seid wachsam, s' ist noch nicht zu spät.

Sonnenbaden

Ich habe mich auf einen Platz in die Sonne gesetzt,
Wärme und Licht durchströmen meinen Körper
wie eine sanfte Berührung. Ich strecke mich der
Sonne entgegen nach einem eisigen Winter. Meine
Seele tankt auf.

Die Zeit bleibt stehen diesmal, ganz für mich allein.
Höre kein Telefonklingeln und öffne keine Tür.
Dieser Moment ist für mich da.

Ich genieße den blauen Himmel, die gleißende
Sonne. Grabe sie in mein Gedächtnis ein, um sie
hervorzuholen, wenn es schneit, damit ich kalte
Tage schmelzen kann. Einen Korb warmer
Erinnerungen habe ich bei mir für alle Fälle. Den
kann mir keiner nehmen.

Wie glücklich bin ich, diesen Ort genießen zu
können. Dunkle Tage gibt es schon genug. Innerer
Frieden macht sich breit an diesem sonnigen Tag.
Er wird lange nachhallen.

Das Boot

Das Boot der Menschheit besegelt das Meer der
Zeit
auf der Suche nach Frieden
im Auf und Ab der Wellen
bilden sich Fragezeichen.

Was bleibt von der Spur im Wasser?
Die Vergangenheit ist gezeichnet in Holz und
Leinentuch,
die Gegenwart hält sich schwankend aufrecht,
die Zukunft ist ungewiss.

Zu viele Eisberge säumen den Weg,
drohen mit Untergang des Bootes.
Die Gefahr lauert ungesehen unter der Oberfläche
und
diplomatische Untiefen machen das Gewässer
unberechenbar.

Der Sturm braust böig von Osten.
Wird es das Boot je bis zur Küste schaffen?

Selbst die Ruderer sind sich uneins,
wohin navigieren?
Jeder möchte den Weg bestimmen.

Die einen rudern nach rechts,
die anderen nach links,
vor oder zurück.

Wer ist der Steuermann?
Die Angst ist kein guter Berater,
sie rät zum Angriff auf die See.

Diese lacht nur.
Was das kleine Boot wohl denkt, was es ist
im Meer der Zeit.

Es sucht im Außen, was es nur im Inneren finden
kann.

Frieden mit sich selbst, untereinander,
Mensch zu Mensch,
neue Kraft.

Ruderer haltet inne, Steuermann denk nach,
was ist es, das euch lenkt?
Lasst es Respekt, Rücksicht und Liebe sein,
bevor das Boot kentert.

Michael Thomsen

geboren 1957 in Hamburg, lebt seit 1983 in Bissendorf.

Veröffentlichungen:
Tour de la Loire (2012, Reisebericht) ISBN 9783842376359
Pflegeprozesse (2012, Fachbuch) ISBN 9783844813791
Weser, Werre und Else (2021, Reisebericht)
ISBN 9783754340813
Gewichtetes (2018, Gedichte) ISBN 9783746061498
Fixierungen vermeiden (2017/19, Fachbuch)
ISBN 9783662575512
Fallgeschichten Demenz (2019, Fachbuch)
ISBN 9783662587614
Zeitenstaub (2020, Gedichte) ISBN 9783751983549
Zwanzig Zwanzig (2021, Gedichte, Erzählung)
ISBN 9783753406220
Prinzessin Popeline (2021, Märchen) ISBN 9783754338537
Kollateralschäden (2021, Gedichte) ISBN 9783755757252
Jakob und die Drachen (2022, Märchen)
ISBN 783755785408
Nach dem Krieg (August 2022, Gedichte und Dialoge) ISBN 9783756295111
Tom Kitwood - oder die Bedeutung des person-zentrierten Ansatzes für die Pflegekultur (2022) ISBN 9783756800063
Die Bibliothek der magischen Buchstaben (2022, Märchen) ISBN9783756883547
Der Seelenkern (2022, Erzählung) ISBN 9783756879663
Clochard (2022, Roman) ISBN 9783756881338
Pflege-Notstand (2023, Sachbuch) ISBN 9783753402376

Hollywoodfilme

Seh´ in den Filmen, wie sie sich sputen,
denn sie gehören doch zu den Guten.
Glauben sie - und wissen es doch nicht.
Sehen der Guten schön, der Bösen hässlich Gesicht.

Werden mit Waffen die Bösen besiegen
in immer wiederkehrend Kriegen.
Der Glaube ans Gute heiligt Gewalt;
so ist das im Leben mit den Bösen halt.

Sie glauben und wissen doch nicht
der Bösen Motiv, Erleben und Gewicht.
Der Böse auf immer böse und schlecht,
der Gute handelt dann sicher und gerecht.

Ist nicht gut Waffengebrauch und Krieg
am Ende zählt ihnen nur noch der Sieg.
Geprägt vom Glauben, sie seien doch gut,
gerecht sei daher ihr Töten und das Blut.

Und wissen noch nicht, dass der Böse glaubt,
er sei gut und seiner Freiheit oder Ehre beraubt.
Des Guten böse Motive ihm zugeschoben,
Doch Der - hat schon immer gelogen.

Der Garten

Ich sitze voll entspannt im Garten,
Schaue auf und kann es kaum erwarten,
Dass Sonnenstrahl durch Wolken bricht,
Wohlig zu umrahmen mein Gesicht.

Ein sanftes Ploppen aus dem Teich,
Der Goldfisch gleitet weiter sacht und seicht.
Libelle, Biene und natürlich Schmetterling
Fliegen, flattern über den gemähten Rasen hin.

Ein Eichhörnchen, das stockt und schaut,
Spiralig sich am Stamm nach oben schraubt,
Springt plötzlich sehr weit und flach
Ins Grün des Nachbarbaumes Laubespracht.

Hör ich ein Rascheln jetzt im alten Laub?
Seh´ ich des Böenwind aufwirbelnd Staub?
Rieche nun Lavendel, Heu und Rosenduft,
Herangeweht durch sommerliche Gartenluft.

Wehrhaft sein

Ich seh´ die Bilder von Menschen
Vor Panzern steh´n - als Grenzen.
Ohne Waffen, ohne Drohen, ohne Feuer,
Und kein Verstecken hinter dem Gemäuer.

Zeigen wehrlos sich den Feinden
Und stehen senkrecht auf den Beinen.
Gewohnt, auf Wehrhafte zu schießen,
Fängt der Zweifel an zu sprießen.

Die Wucht ihrer marschierend Truppen
Wird sich vor euch als Bluff entpuppen,
Wenn ihr euch zeigt und ihnen zu Geleite,
Sie ansprecht und einhergeht an ihrer Seite.

Gegenwehr ist wie auf einer Leiter,
Es geht bis zum Tode immer weiter.
Dagegenhalten also Schaden macht
Angesichts der großen Übermacht.

Ladet sie ein als eure Gäste!
So findet sich bei manchem Feste
Gar vieles an Gemeinsamkeit,
Die euch wieder neu vereint.

Das Mächtige bekämpft man ohne Waffen.
Sonst macht man es vorm Volk zum Affen.
Oder hilft ihm, sein Gesicht bewahren,
Wenn weise er beschließt zurückzufahren.

Was ist´s denn, was den andern treibt,
Das ihm so viel Wut verleiht?
Fangt an, euch richtig zu versteh´n!
Nur so könnt ihr gemeinsam weiter geh´n.

Ein langer Weg ist´s oft, das räum´ ich ein!
Nicht Waffen, Gebrüll und Toben
Sollen fürderhin euer Werkzeug sein.
Dafür wird ein jeder eure Werke loben.

Schaut zurück in die Geschichte!
Wer stand am Ende uns im Lichte?
Menschen, die zusammenkamen,
Im Proteste friedlich sich benahmen.

Gegen wütend Mächtige, der Widerstand
Ist still - und ohne Waffen in der Hand.
Erhebt eure Stimmen und singt Lieder!
Kämpft sie so dauerhaft und kunstvoll nieder.

Frieden ist

zuallererst die Abwesenheit von Krieg,
von Panzern, Raketen und allerlei Geschossen.
Doch noch gibt es menschliche Kreaturen,
hervorgepumpt und durch Institutionen,
mittels Seilschaften, Machenschaften und
Korruption
sind sie bis in die Spitze der Mächtigen eingefahren.

Kreaturen ohne Seele, aber reichlich Geist,
getragen vom Empfinden der Unfehlbarkeit,
die selbstsicher steuern durch alle Fragewogen.
Nicht aufzuhalten von Zweifel und Leid,
sind sie stets und immer weiter fortgezogen,
Schmutztropfen im Wasserlauf der Zeit.

Ihre Entscheidungen eröffnen
unumkehrbar die Pfade
und drücken der Geschichte
ihren Prägestempel auf.

Und doch sind sie nur ein Flügelschlag im Wind,
Und niemand weiß, ob das alles vorbestimmt.
Sind dann ihre Annalen der Geschichte Tempel,
deren Namen eingehen in die Historienbande.

Da gibt es –
heraus, aus den gepanzerter Fahrzeugen,
den ummauerten Villenburgen und Yachten -
kein Zurück mehr zum gemeinen Menschen,
der - verloren auf dem Markt der Meinungen -
nicht fliehen kann vor dem Mainstream
und dem Skrupellosen.

(Mit freundlicher Genehmigung von Johannes Eidt)

Über den Krieg

Enkel (9 Jahre): Du, Opa, wenn Krieg is, isses dann gefährlich?

Opa (71 Jahre): O ja, das ist das Gefährlichste, was es gibt.

Enkel: Warum führt man denn dann Krieg, wenn es soo gefährlich is?

Opa: Solange es Menschen gibt, wird es immer Kriege geben.

Enkel: Also sind die Menschen schuld?

Opa: Nein, der Hitler und der Putin.

Enkel: Sind das keine Menschen?

Opa: Doch schon. Das sind - vielmehr waren - auch Menschen, böse Menschen.

Enkel: Warum machen die das? Krieg.

Opa: Weil sie sich bedroht fühlen, vom Juden oder vom Ami. Die finden immer wen.

Enkel: Was ham die Juden und die Amis denn getan? Ham die die beleidigt?

Opa: Nein, aber der Hitler hat einen gebraucht, der an allem schuld ist und der Putin fühlt sich bedroht, weil ihm keiner traut.

Enkel: Kann unser Bundeskanzler auch Krieg machen?

Opa: Nein, da muss das Parlament zustimmen. Die Parteien stimmen dann ab.

Enkel: Welche Parteien?

Opa: Die politischen Parteien, die vom Volk gewählt sind.

Enkel: Kinder auch?

Opa: Ach, du kleiner, dummer Junge. Nein, nur die Erwachsenen, die wahlberechtigt sind.

Enkel: Wer nicht wahlberechtigt ist und die Kinder werden nicht gefragt? - Ich will keinen Krieg! Werdet ihr Erwachsenen denn gefragt, ob ihr den Krieg wollt?

Opa: Nein, dazu haben wir ja das Parlament gewählt. Es passen ja nicht alle 81 Millionen Menschen in den Bundestag. Die Mehrheit der Abgeordneten entscheidet das.

Enkel: Wenn sie für Krieg stimmen, dann ist das die Mehrheit, also nicht alle?

Opa: Nein nicht alle. Einige sind immer dagegen.

Enkel: Aber wir wollen doch gar keinen Krieg, weil´s zu gefährlich is!

Opa: Die andern sind auch gegen den Krieg, aber manchmal muss man sich ja wehren, wenn da ein anderer anfängt.

Enkel: Warum fängt der andere denn einfach an?

Opa: Na, das versteht meist kein Mensch.

Enkel: Aber wenn man es versteh´n würd´, hätt´s doch sicher einen Grund, oder?

Opa: Ja, manchmal versteht man den Grund, aber meist nich´.

Enkel: Und wenn´s einen Grund hätt´?

Opa: Ja, wenn es einen Grund gäb´, dann würd´ man´s ja verstehen. Dann würd´ man sicher mit dem reden.

Enkel: Warum fragt man dann nich´ nach?

Opa: Na, die fragen ja, aber sie glauben dem nicht.

Enkel: Werden die Soldaten auch gefragt, ob sie Krieg möchten?

Opa: Nein, dafür sind die ja Soldaten. Die müssen in den Krieg zieh´n; dafür bekommen sie Geld.

Enkel: Wenn die kein Geld kriegen würd´n, dann gäb´s auch kein Krieg, nich´?

Opa: Die gehen ja freiwillig.

Enkel: Ich denk´, die geh´n in den Krieg, weil sie Geld dafür kriegen? Kriegen wir auch Geld, wenn wir im Krieg sind?

Opa: Nein, du Dummerchen, im Gegenteil, wir können nur verlieren.

Enkel: Wir verlieren den Krieg?

Opa: Nein, äh ja ..., wir verlieren Geld, vielleicht unsere Arbeit oder das Haus. Manchmal verlier´n wir alles und wir müssen dann flieh´n.

Enkel: Und wohin flieh´n wir dann?

Opa: Dahin, wo kein Krieg is.

Enkel: Wenn Krieg is, müssen wir dann hungern?

Opa: Wahrscheinlich schon irgendwann, weil´s nix mehr zu kaufen gibt und der Staat pleite is und am Ende keine Steuereinnahmen mehr hat.

Enkel: Dann hat der Bundeskanzler kein Geld mehr für Soldaten. Und dann is der Krieg von alleine aus, oder?

Opa: Nein, einer is ja der Gewinner. Aber der hat auch viel verloren.

Enkel: Also verlieren beide, der Putin und wir? Wenn aber alle verlieren, warum fängt man denn dann Kriege an?

Opa: Weil man gewinnen und Recht behalten will. Außerdem: Irgendwer profitiert immer vom Krieg.

Enkel: Wir aber nicht!

Opa: Nein, wir nicht. Nur … die - die - Rüstungsindustrie, vielleicht.

Enkel: Wenn es keine Rüstungsindustrie gäb´, dann gäb´s auch keine Waffen für Krieg. Stimmt´s?

Opa: Irgendwer baut immer Waffen. Wenn die Arbeiter nicht Waffen bauen würden, dann bekämen sie kein Geld und wären unzufrieden.

Enkel: Können sie nichts anderes bauen? Sagst du nicht immer, es fehlen Arbeitskräfte bei uns?

Opa: Dafür is kein Geld da. Der Staat nimmt nicht genug Steuern ein. Die Arbeitenden müssen ja alle bezahlt werden.

Enkel: Aber in der Rüstungsindustrie werden sie doch bezahlt. Wer kauft denn all die Waffen – für Krieg?

Opa: Na, Staaten, wie Amerika und Russland und Arabien und so weiter.

Enkel: Also hat der Staat Geld für Waffen.

Opa: Ja, dafür braucht er Geld, um sich verteidigen zu können.

Enkel: Aber, Opa, wenn keiner Waffen für Krieg hat, weil es keine Rüstungsindustrie gibt, dann muss sich ja auch niemand verteidigen.

Opa: Ja, das ist schon ein Teufelskreis. Aber da kommt keiner raus.

Enkel: Die Gewinner, war'n die bei der Mehrheit.

Opa: Welche Mehrheit?

Enkel: Na, die abgestimmt hat. Für Krieg. Gegen uns – Kinder, - und so.

Opa: Ach so. Ja, wer weiß? Da blickt der kleine Mann nicht durch.

Enkel: Und die Frau'n? Blicken die durch?

Opa: Nee, die wissen's auch nich' besser!

Enkel: Wer blickt denn durch?

Opa: Am besten wohl die Wissenschaftler und einige Philosophen, vielleicht.

Enkel: Dann sollt man doch auf die hör´n und danach abstimmen lassen.

Opa: Auf die hört aber keiner. Da gibt es zu viel unterschiedliche Interessen.

Enkel: Was für Interessen?

Opa: Na, Interessen der Konzerne, der Industrie und derjenigen, die Einfluss haben. Die wollen doch ihre Produkte und Waren verkaufen.

Enkel: Die haben mehr Einfluss als Wissenschaftler? Aber wozu betreibt man dann Wissenschaft?

Opa: Eigentlich für ein Leben ohne Krieg. Für die Zukunftsplanung. Aber die wissenschaftlichen Ergebnisse stehen leider oft hinter den Interessen zurück.

Enkel: Wieso?

Opa: Na, ja, es gelingt uns nicht, dass richtig über Wissenschaft berichtet und unterrichtet wird. Und die Menschen können zwischen Lüge und Wahrheit kaum noch unterscheiden. Und so werden sehr oft falsche Entscheidungen getroffen.

Enkel: Kann man denn gar nichts machen?

Opa: Schon, aber das werd´ ich nicht mehr erleben, dass die Menschheit sich aufklären lässt. Und du - wohl auch nicht mehr.

Enkel: Doch. Wir Menschen können doch lernen. Wozu geh´n die Kinder denn zur Schule?

Opa: In der Schule lernen die Kinder rechnen, lesen und schreiben, damit sie später in der Gesellschaft leistungsfähig sind und von ihrem Einkommen leben können.

Enkel: Lesen kann ich, schreiben kann ich und rechnen kann ich schon gut! Aber keiner kann mir „Krieg" erklären.

Opa: Das ist ja auch nicht so einfach.

Enkel: Man müsste sich doch nur einig sein und gegen Krieg stimmen. Das ist doch ganz einfach. Was gibt es daran nicht - durchzublicken?

Opa: Zu viel geschieht im Verborgenen. Da wird man sich nie einig, weil wir die Interessen nicht durchschau´n. Außerdem hat ja der Putin angefangen…

Enkel: Du sagst immer, wenn mein kleiner Bruder mich haut, dann soll ich nicht zurückhau´n. Der mache das nich´ extra, und ich solle ihm zeigen, dass es falsch is´, was er da macht. Kann man das dem Putin nicht auch irgendwie sagen?

Opa: Nee, der macht das trotzdem, weil er Gründe hat und eigene Interessen.

Enkel: Wenn wir die verstehen würden, könnten wir ihm dann sagen, dass er aufhör´n soll?

Opa: Das könnten wir. Aber ob er uns auch versteht, ist eine andere Frage. Die Menschen tun sich halt schwer beim gegenseitigen Verstehen. Das ist nun mal der Welten Lauf.

Enkel: Ein Weltenlauf mit Krieg ist doof. Ohne Krieg, wär´s schöner. Für uns Kinder, zumindest…

Opa: Ja, wir sollten alle werden wie Kinder.

Nach dem Krieg

Enkel: Opa, was ist nach dem Krieg?

Opa: Ich will hoffen, dass dann endlich Frieden ist.

Enkel: Für immer?

Opa: Das kann man nicht wissen. Du weißt ja, dass sich Menschen und Staaten immer wieder streiten.

Enkel: Aber Opa, ist denn Streiten Krieg?

Opa: Nein und ja! Ja, weil man sich uneinig ist. Nein, weil Streiten kein Krieg ist. Krieg ist gewaltsam. Streiten tut man sich nur mit Worten.

Enkel: Dann könnte man doch auf den Krieg verzichten, Opa, wenn man sich einfach nur streitet.

Opa: Manchmal muss aber Gewalt angewendet werden und das kann zu Krieg führen.

Enkel: Du sagst aber doch immer, Gewalt sei keine Lösung.

Opa: Nun ja, wenn dich jemand angreift und dir weh tun will, dann würde ich gewaltsam einschreiten, um dich zu beschützen. Da würden Worte meist nichts helfen.

Enkel: Wie denn, Opa?

Opa: Nun ja, ich würde den Angreifer festhalten und ihm deutlich sagen, dass man nicht schlagen darf.

Enkel: Und wenn der das nicht denkt und weiter macht?

Opa: Dann würde ich ihn festhalten und andere um Hilfe bitten.

Enkel: Wenn aber der Angreifer schnell ist und eine Waffe hat und stark ist?

Opa: Dann -, dann würde ich schnell Hilfe holen oder wenn es nicht anders geht, dich nehmen und weglaufen. Wenn ich eine Waffe hätte, würde ich Die einsetzen und dich verteidigen. Aber dich greift ja doch keiner an, oder?

Enkel: Doch! In der Schule will der Martin immer kämpfen und neulich hat er mich geboxt. Das tat richtig weh. Seitdem geh ich ihm aus dem Weg. Ich hab´ aber Angst, dass er mich mal erwischt. Der ist nämlich stark, stärker als ich.

Opa: Na, dann müssen wir mal sehen, dass du auch stärker wirst und dich wehren kannst.

Enkel: Mit einer Waffe, Opa?

Opa: Nein! Mit Judo, oder so.

Enkel: Du würdest mir keine Waffe geben, so dass ich mich verteidigen kann?

Opa: Nein, das würde ich nicht tun!

Enkel: Warum nicht, Opa?

Opa: Weil die Gefahr viel zu groß ist, dass du ihn, er dich oder ihr euch beide schwer verletzt. Da können beide verlieren. Das Risiko ist zumindest viel zu groß. Am besten, es gäbe gar keine Waffen. Oder man würde „Waffen haben" verbieten. Man weiß nämlich nie, ob jemand an eine Waffe kommt, der da nicht mit umgehen kann oder sie für böse Zwecke missbraucht. Und man kann nie wissen, ob man die Waffe selbst mal falsch oder zu früh einsetzt.

Enkel: Aber die Deutschen geben doch Waffen den Ukrainern, damit sie sich verteidigen können? Müssten die Deutschen denn dann nicht auch allen anderen, die angegriffen werden, Waffen liefern?

Opa: Ja, leider. Zumindest würde sich die Waffenindustrie freuen …

Enkel: Is´ Judo keine Waffe?

Opa: Jein. Judo ist Selbstverteidigung; es gibt noch andere Arten der Selbstverteidigung. Karate, Aikido und so.

Enkel: Dann möchte ich auch Judo lernen oder Aikido.

Opa: Noch besser oder zusätzlich gut wäre es, wenn man jedem Streit aus dem Weg geht.

Enkel: Aber Opa, das geht nicht. Irgendwann kommt man mit irgendeinem Angreifer zusammen. So wie ich mit dem Martin. Da muss man sich doch wehren können. Besonders, wenn man nicht schnell laufen kann, oder?

Opa: Ja, da hast du wohl recht. Man sollte sich verteidigen können. Aber wenn man´s nicht kann, dann ist man manchmal klüger nachzugeben. …

Enkel: Opa, warum greifen Menschen denn andere Menschen mit Waffen an?

Opa: Na, du fragst Sachen. Da gibt es viele Gründe.

Enkel: Wenn es Gründe gibt, dann muss man die Gründe doch verstehen. Ich versteh aber nicht, warum der Martin mich immer boxen will.

Opa: Vielleicht hat er schlechte Vorbilder und er kennt es nicht anders. Oder er ist traurig oder wütend und lässt die Wut an dir aus. Oder er hat einfach Spaß am Boxen.

Enkel: Das find ich aber doof. Vor allem, wenn man Schwächere schlägt.

Opa: Wenn er es bei Stärkeren versuchen würde, dann würde er verlieren und die Lust verlieren. Deswegen ist es gut, wenn man sich verteidigen kann. – Und-, vielleicht täte es dem Martin gut, wenn er seine Wut anders austoben könnte! Im Sportverein oder so.

...

Enkel: Das werde ich ihm mal sagen, wenn ich Helfer um mich rum hab´.

Opa: Ja, es ist besser, wenn man Freunde hat oder Verbündete, so wie Staaten sich auch verbünden.

Enkel: Aber wenn man sich als Staat verteidigt, dann ist doch Krieg. Dann ist also Krieg gerechtfertigt?

Opa: Nein, aus meiner Sicht nicht, aber das sehen andere ganz anders. Russland führt Krieg, weil es sich bedroht fühlt. Und die Ukraine verteidigt sich, weil sie ihre Entscheidungsfreiheit behalten will.

Enkel: Wenn man sich bedroht fühlt, wendet man also Gewalt an. - Und wehrt sich, weil man frei sein will?

Opa: Nicht immer wenden Leute, die sich bedroht fühlen, Gewalt an. Nur wenn die Bedrohung sehr groß ist und es für den Bedrohten gefährlich wird.

Enkel: Was war denn die Bedrohung, die die Russen gefühlt haben?

Opa: So genau weiß ich das auch nicht, aber die hatten eben das Gefühl, dass man ihr Land angreifen wollte. Sie fühlten sich in die Enge getrieben.

Enkel: Aber dazu muss man ja nicht gleich Krieg führen. Das kann man doch sagen, dass man sich bedroht fühlt und nicht angegriffen werden möchte.

Opa: Das haben die ja gesagt, aber die andern hab´n das einfach abgetan.

Enkel: Die hab´n dem nicht geglaubt, dem Putin? Warum glauben die dem denn nicht, dass er Angst hat? Oder ist das gar nicht so?

Opa: Doch die Furcht ist schon da, aber ob sie berechtigt ist, daran kann man zweifeln.

Enkel: Wenn ich mich fürchte, Opa, dann bist Du doch da und tröstest mich und zeigst mir, dass ich mich nicht fürchten muss. Können die andern dem Putin nicht sagen, dass er sich nicht fürchten muss?

Opa: Das sagen die ihm ja, aber er glaubt ihnen nicht.

Enkel: Warum glaubt Putin den andern nicht?

Opa: Vielleicht ham die andern ihn zu oft enttäuscht, so sieht er das wohl.

Enkel: Weil sie denken, dass er böse ist?

Opa: Ja, so wie der Putin sich aufführt, ist er schon irgendwie böse!

Enkel: Also ist der Putin böse, und der Ukrainer der Gute?

Opa: Wer weiß schon, wer gut und wer böse ist? Auf jeden Fall wollte der Ukrainer den Krieg nicht. Das ist schon mal gut.

Enkel: Opa, du bist für mich ein Guter. Aber wie sehen denn Böse aus? Ist Krieg führen, böse?

Opa: Ja Krieg führen oder anzetteln ist – bö…, nee, dumm!

Enkel: Sind die, die Krieg führen, dumm?

Opa: Ich weiß nicht, die sind eigentlich sehr klug und intelligent, sehr intelligent sogar, meist noch sehr gebildet, aber sie sind trotzdem – irgendwie – - dumm.

Enkel: Man kann also dumm sein, trotzdem man gebildet, intelligent und klug ist?

Opa: Ja, das gibt's leider – zu häufig. Sonst gäbe es oft andere Wahlergebnisse. Und es käme vielleicht öfter zu anderen Beschlüssen.

Enkel: Dann ist also das Böse so was wie Dummheit?

Opa: Ja, vielleicht schon.

Enkel: Kann man gegen Dummheit denn nichts tun?

Opa: Doch schon; man kann aufklären, sich informieren, versuchen andere zu verstehen und aufeinander zu achten.

Enkel: Das alles wird nicht getan?

Opa: Doch, aber nicht alle schauen genau hin oder glauben Recht zu haben, obwohl sie etwas nur zu wissen glauben, aber eigentlich nicht genau wissen. Sie verwechseln Wissen mit Meinen. Das ist dumm. Die Dummheit zu erkennen, das wäre eine Wissenschaft für sich…

Enkel: Alle sagen doch, dass der Putin böse ist, weil er Krieg führt. Wenn der Ukrainer sich nicht wehren würde, wär´s dann noch Krieg?

Opa: Nein, aber es wäre unrecht und würde den Ukrainern die Freiheit nehmen.

Enkel: Wenn sie sich wehren, ist Krieg und es sterben Menschen. Wenn sie sich nicht wehren, dann sterben keine Menschen, aber sie sind unfrei? Also ist Freiheit für die wichtiger als Leben!?

Opa: Ja. Das stimmt wohl.

Enkel: Aber was nützt den Menschen die Freiheit, wenn sie sterben?

Opa: Ja, das ist ganz schön vertrackt, man muss sich zwischen Leben und Freiheit entscheiden.

Enkel: Ich jedenfalls möchte leben und möchte, dass alle leben. Nur lebend kann ich ja erst frei sein.

Opa: Und ja, die Lebenden könnten versuchen, die Freiheit wieder zu erlangen, indem sie den Feinden klar machen, dass sie keine Angst haben müssen und dass sie das falsch sehen. Aber ob der Feind wirklich böse oder dumm ist, wissen tut's keiner, oder doch: Vielleicht in hundert Jahren.

Enkel: Also erfahren wir die Wahrheit erst in hundert Jahren, aber was machen wir jetzt?

Der letzte Krieg

Wenn der letzte Krieg vorbei ist,
Dann soll da nur noch Liebe sein!
Kein Misstrauen oder Streben nach Gewinn,
Keine Missgunst, sondern Suche nach dem Sinn.

„Nie wieder" wird zum Schwur!
Und soll Wirken jenseits jeder Uhr.
Wenn Waffen zum Grundübel erklärt,
Dann sollen alle weißen Fahnen
Und noch die Regenbogenfahnen
Stolpern lassen und Innehalten vor der Welt.

Vor Einbruch jeder neuen Nacht,
Nie wieder ein Spielen mit der Macht,
Die geboren aus Achtlosigkeit und Not,
Hat immer wieder Menschen neu bedroht.
Wir wollen Samen geben in den Garten,
Können geduldig aufeinander warten.

Nicht mehr aus Not oder Wut
Nicht mehr aus Angst oder Glut,
Sondern aus purer Freude an dem Leben,
Wollen wir uns dem Schönen stets ergeben.

Verdammt aber, es läuft so viel verquer!
Und dabei wünsche ich mir so sehr,
Dass alles um mich her gewinnt, -
Nicht in die Taschen von Schurken rinnt.

Der weise Präsident

In einem großen Land im Osten, dessen Präsident für eine kurze Zeit die Hauptstadt verließ, marschierte ein Monster während seiner Abwesenheit ein und besetzte das Regierungsgebäude. Es war von atemberaubender Hässlichkeit, stank hundserbärmlich und seine Rede war so ekelhaft, dass die Polizisten und Bediensteten vor Entsetzen erstarrten. So war es dem Monster möglich, durch die äußeren Räume des Regierungspalastes in den Audienzsaal zu gelangen, wo er sich auf dem Bürostuhl des Präsidenten niederließ.

Als die übrigen Regierungsmitglieder und Wachen sahen, mit welcher Dreistigkeit und Unverschämtheit sich das Monster gebärdete, erwachten sie aus ihrer Starre und schrien ihn an. »Raus mit dir!«, »Verschwinde! Du gehörst nicht hierher!« Und der Vertreter des Präsidenten rief, so dass es die ganze Welt hören konnte: »Und wenn du noch so stark bist, wir werden uns wehren. Wenn du deinen Arsch nicht sofort in Bewegung setzt, dann werden wir mit Gewalt nachhelfen!«

Bei diesen empörten und wütenden Worten wurde das Monster gleich einige Zentimeter größer. Sein Gesicht wurde noch hässlicher, der Gestank, den er ausströmte, noch unerträglicher, sein Gehabe noch arroganter und seine Sprache völlig obszön. Gummiknüppel wurden eingesetzt, Pistolen gezückt und jede Menge Drohungen geäußert. Aber jedes wütende Wort, jede wütende Tat und sogar jeder wütende Gedanke ließen das Monster jeweils ein wenig weiterwachsen, ein Stück hässlicher und stinkender werden und entlockten ihm immer schlimmere Worte.

Das Monstrum nahm dann irgendwann schon fast das gesamte Regierungsviertel ein und sein Gestank drang bis in den hintersten Winkel der Republik. Dieser Streit zog sich dahin, bis eines Tages der Präsident zurückkam und das riesenhafte Monster in seinem Regierungsbüro erblickte.

Noch nie zuvor hatte er etwas derartig Widerliches gesehen, nicht mal im Kino. Bei dem Fäulnisgestank, der von ihm ausging, wurde sogar der übrigen Welt ganz schlecht, so dass alle dem Präsidenten rieten, härtere Geschütze aufzufahren, denn die Wortwahl dieses Ungeheuers übertraf bei weitem alles, was man in den übelsten Kneipen oder im Internet zu hören oder zu lesen bekam. 138 Doch der Präsident war ein weiser Mann. Deshalb war er wohl auch Staatsoberhaupt: Er wusste genau, was er zu tun hatte. »Willkommen«, sprach er voller Herzlichkeit.

>>Willkommen bei uns. Hat dir schon jemand etwas zu trinken angeboten? Hast du Hunger?« Diese wenigen freundlichen Worte machten das Monstrum ein winziges Stück kleiner, weniger hässlich und stinkend und seine Sprache eine Spur stubenreiner. Die Bediensteten begriffen nun schnell. Einer fragte das Monster, ob ihm eine Tasse Tee genehm wäre. »Wir können dir Darjeeling, Friesenmischung oder Earl Grey anbieten. Oder ziehst du Pfefferminztee vor? Der wäre deiner Gesundheit förderlich.«

Ein anderer rief sofort den Pizza-Service an und bestellte angesichts des riesigen Ungeheuers gleich zwei große Familienpizzen. Die Küchendiener richteten einen Braten an und bereiteten ein Festessen vor, zu dem der Präsident das Ungetüm einlud. Ein Soldat ließ sich zu dessen stinkenden Füßen nieder und verpasste ihm eine Fußmassage, während andere Männer seinen Nacken massierten.

›Mmmmmh, das tut aber gut‹, dachte das Monster. Jede Freundlichkeit ließ es von nun an schrumpfen, machte ihn etwas weniger hässlich, nahm etwas von seinem Gestank und seiner schlimmen Rede weg. Noch bevor der Pizza-Service anklopfte, war das Monster bereits wieder zu der Größe geschrumpft, in der es sich zu Anfang des Einmarsches befunden hatte. Aber die Freundlichkeiten hörten nicht auf und sorgten dafür, dass das Ungeheuer immer

134

winziger wurde. Bald war es kaum noch zu sehen. Und nach einer letzten freundlichen Hinwendung war es schließlich gänzlich verschwunden.

So konnte das Monster keine weiteren Wutausbrüche und Drohungen mehr schlucken. Und Jahre später konnte kaum mehr jemand sich daran erinnern, dass einmal ein Monster den Regierungssitz besetzt hatte.

Friedensvariationen

Frieden erhalten
Durch Verteidigung.

Als Pazifist.
Durch Abschreckung.

In Übereinstimmung
Mit Natur um mich.

Meditierend
In innerlicher Ruhe,
In Versenkung gar.

Oder im Tod.

Grabsteine

Kann Grabstein dicht an Grabstein seh´n,
Wie sie in gerader Linie aufrecht steh´n,
Die einst von Steinmetzen errichtet
Nun durch Sonnenschein belichtet.

Sie machen uns Menschen im Tode gleich,
Egal ob sie war´n im Leben arm oder reich.
An dem hellen Stein nun nagt die Zeit,
Sind sie nicht bestimmt zur Ewigkeit.

Ein Stück Natur und all der Regen
Sind aber dem Steine nicht zum Segen.
Nur einer oder zwei irgendwo inmitten
Haben noch nicht so viel gelitten.

Der Mensch, immer noch ein Jäger
Pflegt mehr als sich - Soldatengräber.
Sucht unablässig reichlich Sieg
Und führt dabei unsäglich Krieg.

Umwuchert von mosig grünem Span,
Hat es dem Beton schwer angetan.
Unter den Ästen durchgeschaut,
Hab ich mich nicht näher rangetraut.

(vgl. Foto auf Seite 27)

Kriegsgeschrei

So glaubensfest sie jeden Satz beginnen:
„Mit Gottes Hilfe" werden wir gewinnen.
Nüchtern nur kann heißen heut und hier:
„Wenn wir Glück haben, dann gewinnen wir!"

Wer nun Gott anruft, um stets zu siegen
Und denkt dabei nur ans Kriegen,
Mag getrost vom Jenseits träumen,
Statt zu denken - und Friedenswelt versäumen.

Wann endlich wird uns Gott enthüllt?
Nicht weiter in Jenseitswolken eingehüllt,
Sondern klar und freundlich im Gesicht,
Schau´n wir hinein in das warme Licht.

Wärmestrahlen

Alle Wärme geht vom Menschen aus,
So wird Beziehung aufgebaut.
Gehen wir aufeinander ein,
Den Rest besorgt der Sonnenschein!

Uns gegenseitig spüren;
Manchmal auch verführen,
Sind wir empfänglich und bereit,
Uns zu paaren in der Zeit.

Wie Kindern zu verzeihen
Können wir uns Liebe leihen,
Die das Feuer in uns hält,
Das uns leuchtet in der Welt.

Kann Verstand uns nicht erhalten,
Was wir woll´n für uns behalten,
Breitet die Fantasie die Flügel aus
Und führet sicher uns nach Haus.

Alles wird verloren gehen,
Nichts bleiben, was wir sehen.
Vielleicht etwas Licht in dunkler Nacht,
In der wir manche Zeit verbracht.

Bleibet nur ein Nahesein im Jetzt,
Ein Weben für ein großes Netz,
Das uns hält beim Fallen in die Tiefe,
Wohin sich niemand gern verliefe.

Es ist nämlich nicht die gleiche Wärme,
Die wir Menschen haben gerne,
Die kommt aus Sonnenstrahlen,
Als aus dem Lächeln, mit dem wir zahlen.

Gesichtsverlust

Jedes Scheitern bringt uns weiter,
So singt sie im Schlager, hälts für wahr.
Ist es aber Gesichtsverlust, solch Scheitern,
Dann ist der Mensch der Ehre bar.

Gefallen und am Boden,
Hat niemand mehr Respekt.
Sein Ansehen ist im Eimer
Und seine Ehre ist defekt.

Verurteilt und beschädigt
Ist ihm niemand gnädig.
Gänzlich trübe ist sein Blick
Und er zieht sich weit zurück.

Und im Nachgang dieser Niederlage
Flieht er vor dem Spiegelbild,
Das mit seinem Namen spielt,
Bis zum Ende seiner Tage.

Des Lebens Lauf

Geboren zwölf Jahre nach dem Kriege,
Lag ich noch so schwer in meiner Wiege.
Schuld und Scham wie Traum und Nacht
Zu bleiben wie Schlaf, der folgt auf Wach.

Und noch dutzend Jahre später
Gab´s noch immer diese Täter,
Die unbemerkt das Dritte Reich verlassen;
Stolzierten sie durch deutsche Gassen.

Kraft, Herrschaft, Macht noch heute,
Bewegt solch Denken allzu viele Leute.
Nach allem Krieg die Menschen unterlegen,
Sehen wir nun dem Rad der Zeit entgegen.

Bleibt denn gar kein Hoffnungsschimmer?
Muss ein Leiden sein und kommen immer?
Trotz Wissen, Leben, Liebe und auch Freude
Reißen ohne Not wir ab unsere Gebäude?

Siebenundsiebzig Jahre

(1945 bis 2022:
77 Jahre Frieden in Europa
Fast ein ganzes Menschenleben
Und ich war dabei.)

Generationen ohne Angst,
Geprägt von Fleiß und Konsum.
Kalter Krieg, vor dem wir gebangt,
War dann neunundachtzig um.

Der Wehrdienst abgeschafft,
Doch Waffen wurden noch gebaut,
die wir gar nicht hier gebraucht,
dem Fremdland zum Verkauf.

Anderswo die Kriege wüten.
Hauptsache bei uns gabs Blüten.
In den Händen von Allgestrigen
sich konnt´ der Hass verfestigen.

Mit Misstrauen und Zweifel genährt,
haben sie sich blind gewehrt.
Das Leben ihnen nicht viel wert,
setzten sie sich aufs Panzergefährt.

Will der Feind uns die Freiheit nehmen,
nach der wir uns doch so sehr sehnen?
Der Kriegsmann sieht´s als Schwäche an,
wenn er verließe das erobert Land.

Vergessen haben wir all die Schrecken,
die meist die Unschuldigen hinstrecken.
Vorbei erst, wenn Reiche und die Mächtigen
nicht mehr befehlen unter uns nächtigen.

Nur voran und nicht zurück sollt´s gehen,
dabei kann man überall doch sehen,
dass ein Zurück viel weiterbringt,
bevor man über Hürden springt.

Leben ohne Freiheit darf´s nicht sein,
So kommen alle Seiten überein.
Ohne Leben Freiheit aber verloren ist,
die menschliche Seele gern vergisst.

Wie aber kann nach Jahren Krieg
der Friede aussehen – ohne Sieg?
Drum Menschen – aufgewacht!
Verleiht nicht falschen Führern eure Macht!

Kollateralschäden

Der gepflastert Weg, den wir uns bahnen,
Hoch oben aufzustellen unsere Fahnen,
Ist ein Weg, der hilft uns - zu gewinnen,
Lässt auch Regen schneller rinnen.
Herunter über festgetret´ne Pfade
Wird mancher Schauer gleich zum Bade.
In Fluten mitgerissen zu Leid und Tod
Erleben wir, was sich rächt, und Not.

War im Krieg der begleitend´ Schaden,
Auch von Unschuldigen zu tragen,
Ist heute Kampfeslärm im neuen Gewande,
Eine Ausgeburt unserer Menschenbande,
Die uns trifft ganz ohne Warnung
Und vor vieler Reden Tarnung.
Schäden, die unser Streben stets begleiten,
Darüber wollen wir nur ungern streiten.

Sind stets den Pfaden treu gefolgt,
Haben nicht das Ganze recht beäugt.
Was sind die wahren Wohlstandsfolgen,
Die nicht jedes Wesen kann bezeugen?
Vom Wachstum und Erfolg getäuscht,
Haben wir den Blick aufs System versäumt.
Von Zahlenwerken und Genuss geblendet,
Der Natur- und Völkergaben verschwendet.

Spaßgesellschaft jeden Unsinn ruhlos feiert,
Den Nutzen unseres Handelns dann beteuert,
Hat uns von unserer Herkunft weit entfremdet
Alles immer noch zum Guten gewendet.
Kaum zu greifen sind die Verluste,
Noch wenn uns ausgeht alle Puste.
Sehen nicht den Schaden unserer Seelen.
Wir können nichts und niemandem befehlen.

Was wir im Strom, der uns treibt, verloren
Und wofür wir nicht in diese Welt geboren,
Durften wir niemals der Welt entnehmen,
Zu einem Leben, einem so bequemen.
Was uns alle Natur und Leben hat zugebracht
Es war uns nicht als Wertobjekt derart zugedacht.
Können wir die Schäden reparieren?
Nur, wenn´s die Gewählten recht kapieren!

Die nicht folgen können dem Bestreben,
Die nicht weichen vor der Welten Beben,
Die so arm an Besitz oder am Geiste,
Die leiden offensichtlich unter uns das Meiste.
Doch auch in jedem irgendwie noch Reichem
Lassen sich die Kollateralschäden abzeichnen.
Entfremdet von ihrer und der umgebend Natur
Verblendeter Geist – ein Unbehagen in der Kultur.

Wappen der Gemeinde Bissendorf

Symbol der Friedensstadt Osnabrück